文春文庫

ナショナリズムの正体

半藤一利　保阪正康

文藝春秋

はじめに
――今こそ、歴史の教訓に学ぶ

半藤一利

諷刺《ふうし》小説『動物農場』や『一九八四年』で知られるイギリスの作家ジョージ・オーウエルの言葉を長々と引こう。

「ナショナリズムと愛国心ははっきり違うのだ。二つの言葉はふつうきわめてあいまいに使われているから、どんな定義を下してみても異論が出るだろうが、ここには二つの異なったというより対立する概念がひそんでいるのであって、両者ははっきり区別しておかねばならない。わたしが『愛国心』と呼ぶのは、特定の場所と特定の生活様式にたいする献身的愛情であって、その場所や生活様式こそ世界一だと信じてはいるが、それを他人にまで押しつけようとは考えないものである。愛国心は、軍事的にも文化的にも、本来防御的なのだ。ところがナショナリズムのほうは権力志向とかたく結びついている」（「ナショナリズムについて」）

じつは、筑摩書房刊『定義集』（ちくま哲学の森・別巻）からの孫引きなのであるが、保阪さんと長々と話し合いながら、このオーウェルの言葉がたえずわたくしの頭のなかを揺曳《ようえい》していた。ナショナリズムについて語っているはずなのに、ことによったら俺は愛国心のほうへ脱線しているのではないか、という恐れがたえずあった。つまり、悪いナショナリズムがあるんだと指摘しているのに、読者にはさながら愛国心を持つことは悪いことだと言っているように受けとられるのではないか、俺は喋《しやべ》り方が下手だからな、という自省からくる憂慮である。

オーウェルが言うように、わが国の文化・国土・自然を誇りに足るものとする思い、すなわち愛国心は尊いものであるが、それは本質的に〝防衛的〟なものなのである、とわたくしも思っている。あるいは保守的なものと言いかえてもいいかもしれない。そして保守とは、歴史の風雪に耐えてきた伝統や文化や道義を大事にすることであり、急激な変化を嫌い、漸進《ぜんしん》的な改良を志向するものであるとわたくしは考えている。

それに対してナショナリズムとは、いや、本文で保阪さんとともに語ったように、悪いナショナリズムとは、自分を国家目標や国家の政策と一体化して、それを善悪を超越したものと考え、そのイデオロギーを急進することが最善であり、そのために生命を捨てることが美学であり、それ以外のものを認めようとはしない偏狭な言動なのである。そして政治権力者は政策目標推進のために、このナショナリズムを利用することを常とする。なにもわが国の指導者のみを言っているのではない。中国や韓国の指導者もまた然《しか》りなのである。その意味では、ナショナリズムとは愛国心とは違って、自分の民族を最高位と考えて他国に押し付けようとするイデオロギーと言っていい。それはまた、他民族への友情や共感をあれよという間に憎悪や敵意に変えてしまう激しい感情でもあるのである。

本書は、ふだんから右のように考えていることをなんとか伝えようと、八〇歳をすぎて耄碌《もうろく》気味にして口下手なわたくしなりに、それこそ一所懸命に喋ったものである。相手になってくれた保阪さんは一〇歳ほど若いせいもあり、それに生まれついての頭脳明晰、かつ論理的な思考の持ち主なのである。わたくしの言葉足らずのところを補いつつ、ほんとうに長時間つき合ってくれた。心から感謝する。

それにしても、昨年の夏ごろから形容しがたいほど日本をとりまく国際関係がキナ臭くなっている。さながら戦争を期待しているかのような激烈な言葉がここかしこでとび交っている。戦後七〇年近く、戦争、内戦、紛争が途切れずに続く世界にあって、せっかく戦争をしないで平和で穏やかな国を築いてきたのに、いったいどうしたことなのか。

そしてこの七〇年という長い歳月を、何もしないでボンヤリとして、ノホホンとしてここまできたわけでは決してない。わたくしたちは不断に、しかし目立たないしたたかさで営々として努力してきたのである。なるほど、日常化してしまって、平和な日々というものはなんの変哲もなく目立ちはしない。しかし平穏であることの価値、日々平凡であることの価値というものは、それを失って明らかになることなのである。失ってみて初めて尊いものとわかるのである。

一〇〇年前の第一次世界大戦いらい国家総力戦の時代となり、戦争はもはや戦場でのみ戦われるものではなく、老若男女の別なく戦火に見舞われるようになった。その破壊力の無軌道さ、無制限な大きさ、非情さ、残忍さ、については、昭和二〇年三月一〇日、鬼哭啾々《きこくしゅうしゅう》たる焼野原に茫然《ぼうぜん》と立ったことのあるわたくしは骨髄《こつずい》にしみて知っている。そして戦争のない日常の平凡な美しさこそ、かけがえのない人間の営みであり、わたくしたちが自分の力でしっかり保つべき大切なものであることに間違いはない。

それだけに今は何をなすべきかではなく、何をなすべきではないかを言い続けねばならないと思っている。何をなすべきかを語る言葉は、語気も激しく、しばしば戦端をひらいてきた言葉であり、何をなすべきでないかを語る言葉は、静かではあるが、戦争を終わらせるために残されてきた言葉であることは、歴史が証明してきているのである。そのこともわたくしは体験から知っている。

平成二六年（二〇一四年）八月一五日

はじめに ――文庫版によせて

半藤一利

「戦争とはウソの体系である」という言葉がある。何の本で読んだのか、教えてくれた人がだれであったか、まったく忘れてしまったが、ときどきフッと頭に浮んでくる。わたくしが物ごころつくころ、この国は戦時下にあった。中国侵略戦争からはじまって、やがて太平洋戦争へと突入していく。挙国一致、八紘一宇《はつこういちう》、暴支膺懲《ぼうしようちよう》からはじまって、自存自衛、ＡＢＣＤ包囲陣、撃ちてしやまむ、鬼畜米英、と、いま歴史を丁寧に学ぶと初めからウソの体系のなかに組みこまれてわたくしは成人してきた。新聞に書いてあったとか、大人たちが共通して言っていることはほとんどが本当ではなかった。

　戦争が降伏で終結して、そのことを嫌というほど学ばされたわたくしは、二度と騙されまいとするならば、何事もやっぱり自分の目で見、自分の頭で考えなければいけないと、真剣に思うようになった。前にも書いたことがあるが、昭和二十年（一九四五年）三月十日朝、自分の家のあった惨たる焼け跡に立ち、まわりにいくつもの真ッ黒になってもはや人間とは思えない焼死体を見ながら、なかば呆然としつつ「もう生涯、〝絶対〟という言葉を使わないぞ」と思ったのは、二度と騙されないぞというそのことへの強い決意であった。いらい、そうやたらにものを信じない。まず疑ってかかるという意識ができて、八十七歳になるまでともかく無事に生きてきた。

その老骨が、いまの日本国のあり方にはホトホト呆れかえっている。特定秘密保護法、集団的自衛権を行使できるようにする安全保障関連法、改正通信傍受法、共謀罪など国家の根幹にかかわる法案の、このところの無茶苦茶な採決は、いったいこれが主権在民の民主国家のやることなのであろうか。いったん法案が提出されれば、それがいかなる内容であろうと、担当大臣が質問にきちんと答えられず、ただはぐらかすだけであろうと、その法案の真実を明らかにするために不可欠な公的文書が「作成していない」「廃棄して存在しない」とそっぽを向かれようと、ときにその文書が公表されると徹底的な論議もせず、文書の正当性や内容についての信頼性を強引に否定する姿勢で対処されようと、政府によって強行採決されてしまう。しかもだれにたいしても何の責任も追及されていないこの国のこのようなあり方は、わたくしなんかには国際社会に恥をさらし、疑われ、孤立に突き進むだけであると思えるのである。

が、わたくしのような隠居爺いと違って、この国の政治・経済・文化などの第一線で働いている普通の人たちはまったくそうは考えていないらしい。「世はなべてコトもなし」というように現実は滔々と流れている。ただ一人ないしそれをとりまくごく小グループへの極端な権力の集中は、独裁国家への門戸をひらくことになる。それは歴史がいくらでも証明してくれる。戦前・戦中日本の参謀本部作戦課そのものなのである。そしてその状況下で、都議会議員選挙で完敗しようと「国政には影響なし」と憲法改正の日程は着々と進められている。これがどんなに危険な言いくらましに満ちていることか。「自衛隊に誇りを」という口当りのいい改正論は、つまりは情緒論にすぎない。国防という国家の大事に関する論議は、いっそうの冷静さと合理性が求められるのに、情緒で憲法を変えようとするのは、きわめて危険な詐偽的な発想なのである。国民よ、核心をはぐらかす虚構の言語に、ただ大勢順応で流されることなかれ。それは少しも歴史に学ばない、ということなのである。そんなことをいま毎日のように呟いている。

本書を最初に世にだしてから三年たったいま、有難いことに文庫としてより多くの人に読んでもらえるという。思えば、この対談を真剣にやっているときは、領土問題をめぐって中国や韓国の外圧があり、集団的自衛権が大問題となっているとき。それからたった三年しかたっていないのに、わが日本国のありようは本書の内容を吹けば飛ぶくらい軽いものにしている。いま、わたくしたちが直面していることはもっと深刻である。最高権力者は身近な人間を寄せ集めた〝参謀本部〟をつくり、官邸主導の政治でナショナリズムを進めている。ほんとうにそう思う。ときに新聞などで「民主主義の落日」といった言葉を目にすることもあるが、その憂いをわたくしもともにしている。

いまの政治権力がこれほどまでに驕り高ぶってまかり通っているのは、なぜ、なのか。議席の三分の二という圧倒的な数の力がこれほどモノをいうとは。まさに「民主主義の落日」といえる。数によって政治指導者に過大な権力を与えると、政治の多元性は失われ、権力にたいする抵抗や制限はあれよという間に弱まってしまう。民主政治のもとで自由が失われるパラドックスがここにある。

もうあの世からの招待状が道半ばまできている隠居なのであるから、これからはのんびりと好きなことを書いていようと思っていたのに、そうもしていられないのか。もう少し余計なことを申さねばならないのかと、足腰をさすりながら少しばかりガッカリしている。それが本書をふたたび世に問うに当ってのウソではない感想である。相棒となってくれている保阪正康氏は、わたくしと違って闘志満々で、筆戦をこの対談が終ったあともずっと頑張ってつづけている。彼に尻を叩かれて、の思いもあるが……。

平成二九年（二〇一七年）七月七日

ナショナリズムの正体

目次

第三章 **中国と韓国の「反日感情」の歴史背景**

＊本文中の引用文は適宜、常用漢字や現代仮名遣いに改め、読点を加え、ルビをふった箇所もある。

ナショナリズムの正体

プロローグ

「国家ナショナリズム」が「庶民ナショナリズム」を駆逐する

■権力者が煽るから、若者には「ナチス容認」の恥がわからない

保阪　ちょっと前の朝日新聞に出ていて驚いたのですが、ナチスのかぎ十字のマークを付けてデモする人間が、日本に現れたらしいんですよ。デモの指導者がどういう人間なのかも載っていたけれど、ヒトラーを見直すべきだなんて言っている。ナチスを公然と容認するなんて、歴史的には恥ずべきことですよ。

半藤　近所の商店街を歩くと二階建ての古着屋があってね、一階に一番売れている商品を出しているんですが、目立つ正面にナチスの軍服や鉄兜《てつかぶと》を置いている。買っていく若い人が、かなりいるんでしょうね。

保阪　そういうのを見ると、とうとう日本社会はこんなふうになってしまったのかと、ため息が出てくる。率直に言うと、「結局、戦後の民主主義はなんだったんだ」となってしまう。

いずれ外国で、「日本はどうなっているんだ」と報道されるでしょう。早晩、批判の対象になりますよ。こんなのは、「ナショナリズム」以前の問題、不勉強と言うべきで

す。

なぜ、二〇世紀はずっとナチスを批判し続けて来たのか、その意味も知らず、人類の叡智を愚弄《ぐろう》していることがわかっていない。

僕はもの凄く腹が立っています。

半藤　麻生太郎さんが言ったじゃないですか、「ナチスドイツを真似したほうがいい」と。ああいうことを政治中枢の人が平然と言うんですから、嘆かわしいですね。

もちろん、あれはナチスの行為を真似ろという意味じゃない、手法を真似ろということで、思想は違うと訂正していましたけどね。

保阪　しかし、訂正した発言は、もっと酷《ひど》いですよ。

半藤　そう。つまり、「がたがた騒がないで、黙って憲法を骨抜きにすればいいんだ、全権委任をもらって、さっさと憲法を変えてしまえばいい」と言っているに等しいのですからね。

あれは、酷すぎる。その流れに乗っかったのが集団的自衛権（注①）ですよ。さながら全権委任法があるかのごとくに、本当に、閣議決定でさっさと変えてしまった。

保阪　安倍内閣が歴史修正主義（注②）的な空気を作っているから、本来なら社会の地下にあって、恥ずかしいと思っていてしかるべき、「ナチス容認」なんて言動が表の社会に出てきてしまうんですよね。政治に煽《あお》られて、堂々と社会の表面に現れるんです。

■ナショナリズムの善し悪しを区別するのは難しい

半藤 今回の対談ですけれど、仮題が「良いナショナリズム、悪いナショナリズム」となっていますが、こんなタイトルで、読者に意図がちゃんと伝わるか心配です。

保阪 昔のテレビ番組に、「良い子、悪い子、普通の子」とかいうのがあったけれど、似たような語感で、なんだか曖昧《あいまい》ですよね。

確かに、ナショナリズムをきちんと論じるのは難しい。もう一〇年程前ですか、浅羽通明さんがナショナリズムという語をタイトルに入れた本を出して、ある程度の反響があったらしいですがね。でも、ナショナリズムというのは定義があってないようなものですから、どういう現象を指しているのかイメージしにくい。

半藤 正村公宏（注③）さんの『日本の近代と現代』（NTT出版）という本でナショナリズムをわかりやすく定義しているんです。

保阪さんのおっしゃる通り、きちんと定義できる問題ではないけれど、理解するためには、正村さんの分け方を前提にすると理解しやすいと思うんですね。

正村さんはナショナリズムを三つに分けています。

一つは、圧迫された民族、ないしは植民地になっている地方の民族が独立を要求する運動としてのナショナリズムがある。この場合、日本語に訳すなら「民族主義」となる。

二番目は、ある程度は国家が出来上がっているけれど完璧ではなく、民族を基盤としてより統一された国家を追求する運動としてのナショナリズムがある。

以前の例で言うと、二〇世紀初頭の中国における国民党（注④）がこれですね。孫文《そんぶん》（注⑤）から始まって、蔣介石《しょうかいせき》（注⑥）が民族統一運動をやった。あのときのナショナリズムです。これは「国民主義」と訳したほうがいい。

民族主義、国民主義、この二つが、あるいは「良いナショナリズム」かもしれません。

そして、三番目に出てくるのが、自分たちの国家を至高の存在と考え、国家目標を実現するために個人の献身を求める思想または運動というナショナリズムです。

実例は、戦前の日本ですね。日本人こそが至高の民族だ、大日本帝国こそ世界に冠たる国家だという考え方を世界の現実にしようとして、個人の献身を求め続けました。反する人間は非国民として排斥された。これは「国家主義」と訳すべき場合です。

これこそ、「悪いナショナリズム」の典型例ですね。

単にナショナリズムと言うと混乱し曖昧になりますが、民族主義、国民主義、国家主義と、三つに訳し分ければ、多少すっきりする。善し悪しが、考えやすくはなります。

ただ、じゃあこうして別々の言葉を使い分けておきさえすれば、ナショナリズムの善し悪しが明確になるのかというと、そうはいきませんけれどね。

例えば、国民主義と訳すべきナショナリズムが常に正しいのかというと、そう単純にはいかない。国民主義がそのまま国家主義に流れ込んでいくこともあります。

保阪 それが国粋《こくすい》主義になってしまうわけですね。

半藤 そうなんです。元々は国民主義であったものが、いつの間にか、個人に献身させて世界に冠たる国家を建設するという大運動になっていく可能性があります。だから、ただナショナリズムを三つに分けて訳せば、安泰ということではない。民族主義から国民主義、さらに国家主義へとどんどん変貌する可能性がある。「良いナショナリズム」のような顔をしていても、気がつけば、「悪いナショナリズム」に変わっていた、なんてこともある。

こう考えると、「良いナショナリズム」と「悪いナショナリズム」に分けて批判するというのは、一見、わかりやすいようでも、実は難しい。

一応は正村さんの三分類を頭に置きつつ、それでもなお、ナショナリズムの善し悪しを分けるのは難しいという認識を前提にして、話したほうがいいと思うんですよ。

■「ナショナリズム」という語を避けてきた戦後マスコミの過ち

保阪　ナショナリズムは、確かに理解するのが厄介です。政治思想という面より情念的な意味も持たされていますし……。

色々な本を読んでみると、ナショナリズムというのは、一九世紀に興ってきた国民国家のなかの一つのイデオロギーだというのが、アカデミズム側の一般的な理解だったように思います。それ以前、一六世紀、一七世紀などの絶対王政の時代では、ナショナリズムは国民的なアイデンティティーを指すわけですからね。

例えば、一橋大学名誉教授の中村政則（注⑦）さんによると、国民国家とは国境線に区切られた一定の領域において、主権を備え、国民的一体性の意識、ナショナル・アイデンティティーを共有している国家のことである、ということになります。つまり、一つの国があり、その国の住人の共有するアイデンティティーがナショナリズムということです。

そして、半藤さんのおっしゃるように、国民のアイデンティティーとしてのナショナリズムには、色んなものがある。民族主義、国民主義、国家主義、あるいは国粋主義とかね。また、愛国主義という意味もナショナリズムという言葉には込められることがあります。これは、本来、パトリオティズムと呼ぶべきでしょうけれど。

ただ、戦後日本におけるナショナリズムが厄介になっているのは、語の定義の曖昧さ、評価の難しさもさることながら、ジャーナリズムの態度にも原因があると思うんです。

私たちは、昭和二〇年（一九四五年）以降、ナショナリズムという言葉を、恐ろしいほど神経質に、使わないようにして暮らしてきています。

戦前の日本のナショナリズムは国家主義であり、極めて偏狭なものだった。戦後の歴史研究は、ナショナリズムこそ歴史的にも日本が陥った最大のドグマ（独断的な説）であり、悪しきものだったとして語ってきました。それで、ナショナリズムという言葉を使うこと自体を忌《い》み嫌うようになったんです。

朝日新聞の社説を昭和二一年から五〇年辺りまで丹念に読んでみたところ、「ナショナリズム」という言葉が初めて出たのは昭和三八年（一九六三年）頃なんです、東京オリンピックの前年でした。オリンピックに関してならば、国民が一体となって選手を応援するのは「良いナショナリズム」だと、安心できたからなんでしょうね。

我々の国は戦前、とんでもないナショナリズムを持ったと思っている。それで、この言葉をほとんど使わないようになった。今でもそうですけれど、朝日新聞などは「ナショナリズム」という語をあまり正面から使いませんね。

半藤　朝日新聞だけでなく、新聞全体が使わないのじゃないですか。

保阪　それだけ「ナショナリズム」には、危険な意味があると思っているんでしょうね。

だけれど、いつまでもこれではおかしいと思うんですよ。「ナショナリズム」を避けている間に妙なナショナリズムが跋扈《ばっこ》してくる。だから使うべきときには、忌避《きひ》してはいけないんです。

■権力が庶民の「ナショナリズム」を抑圧する怖さ

保阪　僕はナショナリズムには上部構造と下部構造があると思っています（三一頁参照）。

上部構造とは、政治家とか官僚など、政策決定者が国益の守護、あるいは国権の伸長を企図して政策を決める基準、それが上部構造のナショナリズムです。戦争を動機付けたり、目的を正当化するのに使ったりするナショナリズムですよ。

これに対して、下部構造というのは、我々庶民のなかにあるナショナリズムです。江戸時代から近代になっても共同体に引き継がれてきた倫理観、生活規範、人生観など、そうした個人、民草《たみくさ》のなかにあるナショナリズムです。

例えば、遊んでいた子供が夕方に帰ってきて、バケツにザリガニを入れて持って来た。それを見て、お祖父《じい》ちゃんが忠告する。

「ザリガニの脚を取って遊んじゃダメだぞ。遊んだあとは、ザリガニを小川に帰してやるんだよ。また明日、ザリガニと遊ぼうな」

こんな具合に老人が幼い子供に教える教訓、生活規範もまたナショナリズムだと思います。柳田國男（注⑧）や宮本常一《つねいち》（注⑨）などが研究してきた民俗学的な文化も下部構造のナショナリズムに含めるべきでしょう。

僕は、下部構造のナショナリズムについて、日常生活でもメディアの言論でも避けたりしないで、堂々と「ナショナリズム」だと評すべきだと思うんです。

上部構造のナショナリズムが下部構造のナショナリズムを圧迫して、抑圧してきたのが、日本の近代以降の歴史だと見るからです。

半藤　今の話に乗っかって言うと、上部構造の人たちが国益だけを正面に立てる。国益を拡大するために民衆から税金を取りたて、あるいは若い者を軍隊に送って戦争で殺す。そういうことを平気でやれるナショナリズムが上部構造にあるわけですね。

ところが、上部構造の権力者たちは、下部構造の「良いナショナリズム」を抑圧するだけでなく、上手く利用するんです。

日本人のモラルの高さとか、国土の美しさとか、伝統の素晴らしさとか、この国には誇るべきものがあると訴える。わが国はすばらしい国である、と。卑下する必要はまったくない国だ、と。確かに、これはナショナリズムの一種で、良い面がいっぱいある。

こうした下部構造は責められるものではない。

けれど、上部構造のために利用されてしまう。

ナショナリズムの上部構造〜下部構造

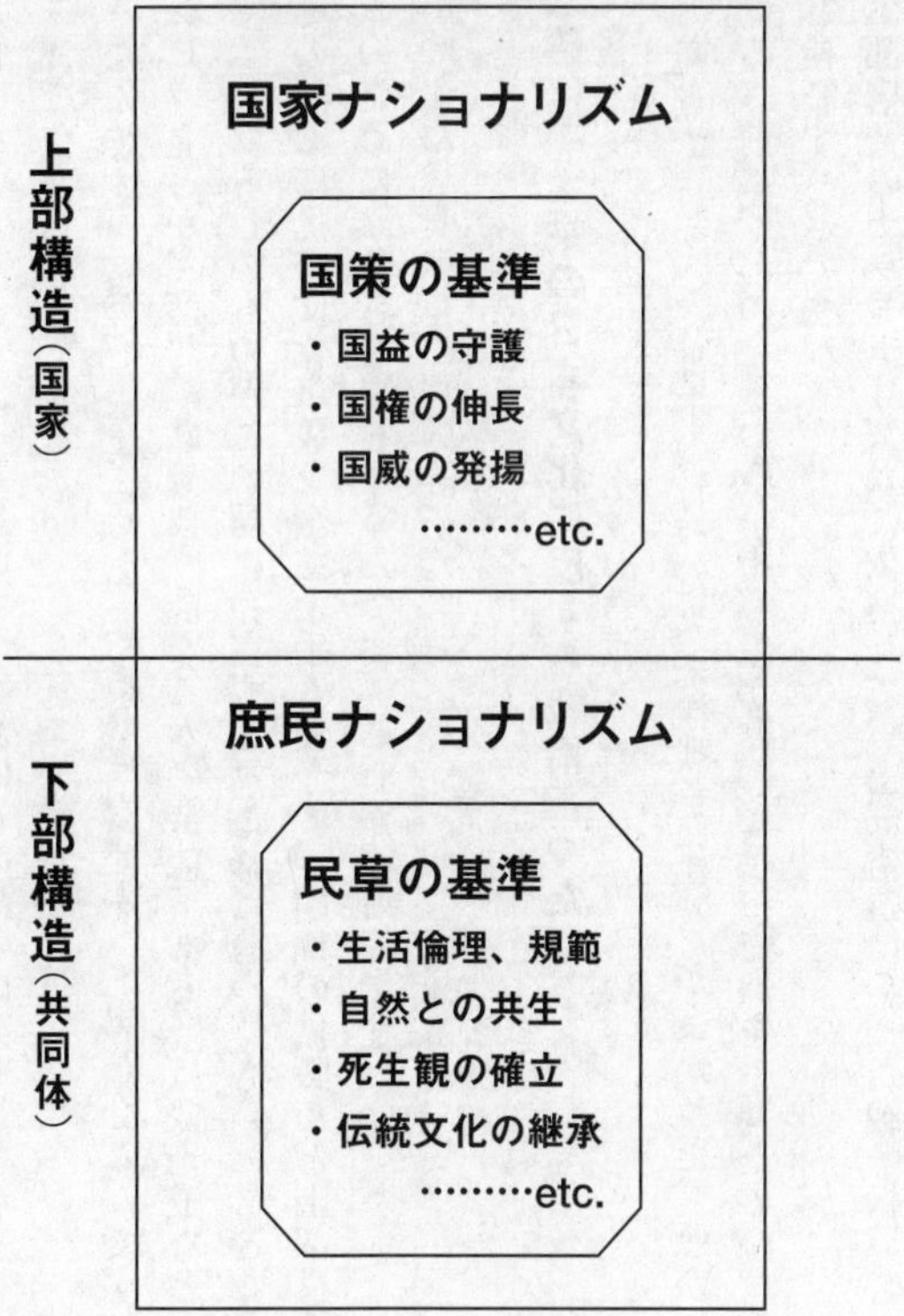

保阪　昭和一六年（一九四一年）の戦陣訓（注⑩）がそうですね。捕虜になることが家門《かもん》の恥、郷党《きょうとう》の恥なんてよく言うよ、と思います。あげくの果てに、それを示達《じたつ》した東條英機は自決未遂ですからね。

半藤　そうなんです。「良いことを言っているじゃないか」と思わせるんです。国威発揚のオリンピックとか、落語、歌舞伎、能なんかの芸能、あるいは武士道などの精神文化も含めて、すばらしいものがこの国に存在する。これは誇ってもいいことなんです。ところが、その誇るに足る文化事象を全て上手く使って、国権の拡張など上部構造のナショナリズムのために奉仕させてしまうんです。これが困るんです。

保阪　凄いですね。レベルの高い詐術だ。

■特攻、玉砕は、本来の日本文化に反する戦術だった

保阪　その観点で言うと、日本の行った太平洋戦争（注⑪）が良かった、悪かったなんて問題になる以前に、あのときの戦争指導者がどんな手口で何をやったのか、その戦術をきちんと検証すべきですね。

つまり、下部構造のナショナリズムに依拠して、上部構造にあった戦争指導者の国家主義的なナショナリズムによる行為を批判するんです。

今の若い人たちに言っておきたいんですが、玉砕《ぎょくさい》（注⑫）だ、特攻（注⑬）だというのは、断じて、下部構造の、庶民の側にあったナショナリズムなんかじゃありません。日本の伝統文化に反します。

それなのに、なぜ玉砕や特攻が行われてしまったのか、下部構造の生活規範や倫理規範で、きちんと批判できます。当たり前の庶民としての感覚で見れば、「あれはおかしい」と、すぐにわかるんですから。

それを、ぜひ、戦争論のなかでも立論していかなければならない。

半藤　そうですよ。特攻とか玉砕とか、そういう思想は、本来、日本人にないものです。当時の指導者の愚劣と無責任と腐敗とを示すだけのものです。ですが、それを上部構造の人たち、つまり権力者たちが上手く使うんです。戦争中の「国のため」という言葉がそのよき例のように思われます。

保阪　玉砕や特攻に若い人を平気で駆り出す。

半藤　指導者がそれで、「国のために、いさぎよく死んだ」と、美談にするんです。「滅びんとする国家を救うために、おまえたちが死んでいくことは美しいことなんだ」と思い込ませて、庶民の心を上手く利用してしまったんですよ。

この頃さかんに出版される戦記小説なんかを読むとびっくりさせられる。悠久の大義の美名のもとに、若い人たちに無益な死《し》を強いる。その醜悪《しゅうあく》とも言える面に目をつぶって、その燃え上がるような意思を強調するものが多いんです。これはまさに、上部構造の権力者たちが庶民の心に上手く取り入る方法論と、そっくりです。

保阪　言うことを聞け、という姿勢ですね。おまえたち、下部構造の庶民ごときが何を言うか、国家のために奉仕しろということです。国家の目的のために、庶民の涙とか、誇りとか、色んなものを使うんですよ。

半藤　ナショナリズムは非常にわかりやすく定義されますが、実は定義というのは理解のためのものでしかありません。現実問題としては、ナショナリズムは権力側に実に上手く使われてしまう。その側面が大いにある。とにかく、わけのわからないうちに、皆がナショナリズムを刺激されて、いつの間にか本来許されざる目的に奉仕させられるんです。

■国家ナショナリズムが庶民ナショナリズムを駆逐してきた近代日本

保阪　玉砕だの特攻だのを、日本の武士道だと言っている人がいるけれど、とんでもない間違いですよ。

半藤　戦場は、「死ぬことと見つけたり」といったようなカッコいいものじゃありません。

保阪　武士道といえば江戸時代の思想ですが、特攻や玉砕が武士道ではないことは、単純な歴史事実を見れば、すぐにわかります。江戸時代は島原の乱以降、二二〇年以上にわたって、日本ではただの一度も大規模な戦争がないんです。武士道という倫理観に律せられていたからですよ。武士道という枠組みが人を自制させることには、凄い力があると思います。剣術、柔術などにもある時期から「道」という字をつけて、「剣道」、「柔道」と呼び、人を殺傷する技術を、心を究《きわ》めて自分を律する思想へと高めていったわけです。

半藤　そうですよ。武士道とは、二六〇年以上にわたり、日本を平和に統治するための大切なモラルだったんです。

保阪　武術を武道にするというのは、ただの殺人技術だったものを「武をもって道を究める」というモラルに変えてしまうという知恵です。日本が世界の歴史のなかで誇っていい高レベルの文化ですよ。明治以降の近代になって薩長《さっちょう》政府が開国を決めると、武士道を上から抑圧して破壊してしまった。それが近代の歴史だったと、最近、僕も思います。ナショナリズムを語るのなら、本来の日本文化を国家の側から国民の側へと取り戻す意気込みでやらなければダメですよ。国家はすぐに、「おまえたちは国益を守護しなければならない、国権の伸長に尽くせ、国家のプライドを持て」と、ナショナリズムを権力のために奉仕させようとします。けれど、国家の言い立てるナショナリズムは、我々の生活規範とは違う、国家のナショナリズムと我々庶民のナショナリズムとは衝突することもあるんだと、しっかり心得ておくことが、ナショナリズムを語るときの前提でしょう。ナショナリズムと言ってしまえば、それだけでわかったような気になるけれど、歴史を見ていけば、実は、「ナショナリズムとは何か」という基本問題を、今一度、考えておく必要があるんですね。

半藤　本当は、きちんと分けて、しっかりと考えなければならないんです。「良いナショナリズム」は往々にして、「悪いナショナリズム」に利用されやすいですから。

保阪　「悪貨は良貨を駆逐する」という現象と同じです。金の含有量の少ない質の悪いコインが国によって大量に作られて流通すると、昔に発行されていた金含有量の高い質の良いコインは、持っている人により秘蔵されたり、国によって回収されて鋳つぶされたりして、日常生活に流通しなくなる。歴史上、これは、日本を含めて様々な国で何度も経験されてきた事実です。同じように、「悪いナショナリズム」が国家によって大々的に上から広められていくと、「良いナショナリズム」を日常生活で口にするのを躊躇《ためら》ったり、国民が自分たちのナショナリズムとの違いを自覚しないようになったりして、力を失っていくんです。

　民衆を国家に奉仕させようとする上部構造の国家主義的なナショナリズムが「悪いナショナリズム」ですが、言葉が長いので、便宜的に「国家ナショナリズム」とでも呼んでおきましょうか。

　ナショナリズムは「国家」を意味するネーションから来ている単語だから、少々変な言葉ですけれど、単に国家主義と言ってしまうと、戦後日本で生じてきた「ナショナリズム」という言葉の持つ国粋的イメージや民族愛などの複雑なニュアンスが伝わりませんからね。

　これに対して、下部構造にある民衆の生活規範や倫理観などは、「庶民ナショナリズム」と呼ぶのがふさわしいですね。

　日本近代とは、我々の生活規範である庶民ナショナリズムが、権力者の国家ナショナリズムによって利用され、つぶされてきた歴史なんです。「愛郷」が「愛国」につぶされたと言ってもいい。

　歴史の教訓は、今も再び、自分たち庶民の「良いナショナリズム」が国家に利用されかかっている危険な時期だと、教えてくれるんですね。

　油断していると、我々は、また巧妙に騙《だま》されるよと。

注①【集団的自衛権】他国が武力攻撃された場合に、自国が攻撃されていなくても共同で防衛を行う権利のこと。一九四五年（昭和二〇年）に発効した国連憲章第五一条で初めて認められた国際法上の権利。

注②【歴史修正主義】本来は、新しく発見された史料や既存の情報を再解釈することにより、歴史を新しく叙述する試みを指す。ただし、通俗的な用法としては、従来の歴史観を持つ者が違う歴史観を唱える人物に対し、特定のイデオロギーによる意図が働いて特定の史料の矛盾を根拠に仮説全体を否定していると判断したとき、歴史修正主義と呼んで批判する場合が多い。

注③【正村公宏】昭和六年～（１９３１～）。経済学者。専修大学名誉教授。産業資本主義を批判し、福祉の充実を主張している。『戦後史』などの歴史研究でも知られている。

注④【国民党】一九一九年（大正八年）一〇月に孫文がつくった政党である中国の国民党のこと。中国の国民革命の推進勢力となった。孫文の死後には蔣介石が頭角を現して北伐《ほくばつ》を成功させ、軍事独裁を行う。満州事変の後に第二次国共合作《こっきょうがっさく》が成立するが、日中戦争終了後に合作は崩壊、中国は国民党と共産党による内戦に突入する。内戦に敗れた国民党は台湾へ逃れた。

注⑤【孫文】慶応二年～大正一四年（1866～1925）。中国の革命家。満州朝廷駆除・中華回復、民国創立、地権平均という三民《さんみん》主義を唱え、清朝打倒の辛亥《しんがい》革命を成功させて一九一二年（明治四五年）に中華民国臨時大総統に就任するも、軍閥《ぐんばつ》の袁世凱《えんせいがい》に地位を譲る。その後、広東に軍政府をつくり中国国民党を結成し、一九二四年（大正一三年）に第一次国共合作が成立。軍閥の支配する北京政府の討伐を目指したが、成功前に急逝した。

注⑥【蔣介石】明治二〇年～昭和五〇年（1887～1975）。中華民国の政治家であり軍人。孫文の後継者として北伐を成し遂げ、中華民国の統一を果たして最高指導者となった。国共内戦で中国共産党軍に敗れ、一九四九年（昭和二四年）より台湾に移り、この地で没した。

注⑦【中村政則】昭和一〇年～平成二七年（1935～2015）。歴史学者で専門は日本近現代史。一橋大学名誉教授。

注⑧【柳田國男】明治八年～昭和三七年（1875～1962）。日本民俗学の開拓者。文献中心主義を批判して日本各地を調査し、膨大な民間伝承を採取した。代表作に『遠野物語』、『蝸牛考』、『桃太郎の誕生』などがあり、今日においても読まれ続けている。

注⑨【宮本常一】明治四〇年～昭和五六年（1907～1981）。日本の民俗学者。学生時代に柳田國男の研究に関心を持ち、その後、本格的に民俗学研究を行った。亡くなるまで日本各地のフィールドワークを続けて、膨大な記録を残した。生活用具や技術に関する民具学という新たな領域を開き、柳田よりも幅広い研究を行った。

注⑩【戦陣訓】昭和一六年（一九四一年）に東條英機が陸軍に示達した訓諭。当時、日中戦争の長期化で軍紀が乱れていたため、陸相だった東條が引き締めのために出した。内容は軍人勅諭の戦場版と言われた。「生きて虜《りょ》囚《しゅう》の辱《はずかしめ》を受けず、死して罪禍《ざいか》の汚名を残すこと勿《なか》れ」という一条が絶対化された結果、戦争末期に各地で玉砕をもたらしてしまった。

注⑪【太平洋戦争】第二次世界大戦において日本が遂行した戦争のことで、昭和一六年一二月八日の真珠湾攻撃に始まり、昭和二〇年九月二日の降伏文書調印により終結した。開戦に当たり日本政府のアメリカへの通告は真珠湾攻撃の事後となり、イギリスへの通告は行われなかった。昭和二〇年八月一五日、天皇がポツダム宣言の受諾と終戦をいわゆる玉音放送で全国に公表した。

注⑫【玉砕】玉のように砕《くだ》けること。太平洋戦争においては、部隊の全滅を表現する言葉として大本営発表などで用いられた。末期には「一億玉砕」を軍部はスローガンとしていた。

注⑬【特攻】特別攻撃の略。太平洋戦争末期、神風特攻隊などで、爆弾を抱えて敵に体当たりする攻撃をこう呼んだ。航空機によるほか、人間魚雷「回天」による体当たりも行われていた。敗戦までに三五〇〇人を超える若者が特攻により犠牲となった。

第一章

現代日本のナショナリズムが歪んだ理由

■アメリカへの従属感が民族主義を刺激

半藤　正村さんのナショナリズムの三分類で言うと、今の日本には、まさか民族独立を要求する、いわゆる民族主義のナショナリズムはないはずでしょう。だって、堂々たる独立国家なんだから。

保阪　ところが、そうでもないようなんですね。アメリカへの従属からの独立という主張が高まりつつあるんです。今の右翼だけでなく左翼にも若干、そういう論調が出ている。日本はアメリカへの従属を切らなければならないとね。

半藤　確かに、沖縄の基地問題を考えると、そういう形で民族主義的なナショナリズムをかきたてられているところはありますね。

保阪　多分、自覚はしていないと思いますが、安倍首相のなかにも民族主義的なナショナリズムがあるように思うんです。彼は、政治的、軍事的にアメリカの意向に一生懸命合わせようとしているけれど、その実、歴史認識で、アメリカから離れていくような矛盾した言動を終始とっている。

半藤　現在の日本で、「美しい国」とか「強い国」とか、民族主義的なナショナリズムをかきたてられても、私なんかは、「今さら何を言っているんだ」と思うけれど、そうでもない人が多いんですかね。

保阪　安倍さんは勘違いをしているだけだと思うんですよ。ただ、問題なのは彼の周辺にいるブレーンたちです。ブレーンには相当に権力掌握を学んだ歴史的知識があり、どうも、意図して民族主義的な意識を刺激し、彼を国家主義的な方向に誘導している気がする。

安倍さんは、いつものように楽観的なことを言っているほうがいいんです。それなのに、妙に民族主義を煽《あお》られて、現実が少しずつおかしなほうへとズレてきている。

半藤　私は、日本が独立していると思っているけれどねえ。これじゃ、まだ満足できないわけですか。

保阪　今、歴史書でベストセラーリストの上位にある本には、太平洋戦争がアメリカによって開戦するように誘導されたと主張しているものが幾つもあります。読む限り、大した資料を集めて書いたとは到底思えませんが、少なくとも、「太平洋戦争はアメリカの陰謀だった」という結論の本が売れているのは事実でしょうね。

こういった本が売れる背景には、アメリカと距離を取りたがっている人が増えているということがあると思います。

まさか再びアメリカと戦争しようなんて本気で思ってはいないのでしょうけれど、このままいけば、いずれ「日米、もし戦わば」なんて本も出てくるかもしれません。実際、コミックでは以前、現代の日本人が米軍と戦うという作品で大ヒットになったという事実もあると聞きます。

日本人のなかに、本当に独立したいという潜在的な気持ちがあるんですね。尖閣問題(注①)を見ていても、アメリカは頼りにならないという見方をしているんです。

半藤 なるほど、今の若い人たちは、日本は独立していないと心から思っているんですね。アメリカに圧力をかけられているし、中国も北朝鮮も脅威だしと。

保阪 自主防衛、自立国家、そういうのを求めている人が増えているんじゃないですか。

半藤 そこで、民族主義的なナショナリズムが力を持つわけですか。

保阪 問題なのは、昭和史を今の自分たちと同じ感情のレベルで解釈してしまうことなんです。太平洋戦争を見ると、確かに、自主防衛、自立国家を求めたという面がありますす。かなり利己的にですが……。ただ、現代の多くの人は、一面の事実だけしか知らないから、あの戦争を妙な感覚で称《たた》えてしまうんですね。

半藤 特に対米戦争に関する限り、現在と同じ面もありますからね。つまり耐えに耐えた上での自衛戦争であると。

保阪　あの戦争は悪くなかったんだ、自主独立を獲得するための対米戦争だったんだし、東南アジアの植民地で抑圧されている人たちを助けるためだったんだ、とね。つまり、太平洋戦争前に、当時の軍部や政府が言っていたことを、オウム返しするような考えを、今になってナショナリズムとして言い立てる人がいるんです。まあ歴史修正主義者の一団ですけれどね。

■出版メディアは、嫌中、嫌韓を無責任に煽り商売にしている

保阪　今の週刊誌で問題だと思うのは、嫌中《けんちゅう》、嫌韓《けんかん》の記事が非常に多いことです。隣の大統領の悪口がいちばんメインの記事になっていましたよ。
半藤　やたらに、やっていますね。
保阪　編集者が言っていたけれど、嫌中、嫌韓の企画をやると売れるらしいですよ。反対に、中国や韓国のことでちょっとリベラルなことを言ったり書いたりすると、途端に大反発が来る。例えば、慰安婦（注②）問題なんかで、少しでも韓国側の主張を擁護すると、インターネットに非難の攻撃が殺到して、すぐに〝炎上〟とかするそうですよ。
半藤　私もときどき、酒の席なんかで編集者から教えてもらいます。「半藤さん、炎

上していますよ」とね。

保阪　もっとも、僕はネットを全然見ないから気にならないけれど、あれは一種の社会病理ですね。半藤さんはネットを気にしますか。

半藤　この年になれば、何を言われても、もう、どうしようもないじゃありませんか。勝海舟《かいしゅう》が言っていました。

「行蔵《こうぞう》は我に存す　毀誉《きよ》は他人の主張　我に与《あずか》らず我に関せずと存候《ぞんじそうろう》」

この言葉を自分に言い聞かせて、諦《あきら》めるしかないですよ。

保阪　でも、炎上していると教えてくれるということは、週刊誌の編集者もネットの過激な嫌中や嫌韓の主張を信用してはいないということでしょう。

半藤　ネットの言葉に、必ずしも彼らは賛同して記事にしているわけではないようですね。ただ、現象としては売れるし面白いと言っている程度じゃないですか。

保阪　僕や半藤さんは困らないにしても、ネットで炎上してしまうと、インターネットを重要な発表手段にしている人は困りますね。

ネットで嫌中や嫌韓の人が増えていくのは、このメディア自体の特徴にも理由があるのかもしれません。どうしても、自分の読みたいもの、見たいものばかり集めてしまう傾向があるようですから、知識が偏《かたよ》っている。

半藤　ネットで非常に困るのは、情報を自分で選択しますから、自分の反対の意見を選択しないことです。本で情報を集めるときには、否応なしに、自分の意見と反対のものも読まなければならなくなる。ところがネットだと、嫌な意見を最初から採用せずに済んでしまう。

保阪　似たような傾向の情報ばかり集めるんでしょうね。それで、中国や韓国が気に入らないと、そんな意見や情報ばかり集めて読むうち、どんどんと興奮していってしまうんですね。それで、本当に歪《いびつ》な人間が出来上がってしまう。

半藤　そういうことだと思いますよ。

■外圧が来ると、日本人は「攘夷」になる傾向がある

保阪　それにしても、皆、なぜこんなに偏った理論が好きなんでしょうか。かつては左翼全盛で、こちらも妙な論理でしたけれどね。

半藤　原則論になるんですが、うんと基本的な歴史から考えてみると、どうも近代日本を作ったときに原因がありそうなんですね。幕末に尊王攘夷《そんのうじょうい》運動（注③）がありましたけれど、このときが非常に象徴的でした。

外圧が来たときに、もともと日本人というのは尊王攘夷になる傾向があるんですよ。つまり、「外国人を追い払え。日本に一歩も入れるな」という主張が盛り上がるんで

す。

ところが、勝海舟など当時において先見の明のあった人たちは、現実問題として攘夷は不可能だと知っていて、開国を主張していた。そのうち、攘夷の先頭に立っていた長《ちょう》州《しゅう》や薩摩《さつま》も実際に英国などと戦ってみて、とうてい攘夷は無理だと悟った。そこで、「攘夷をするために、いったんは開国せざるを得ないのだ」というふうに論理をすり替えて、近代国家を作ったんです。

では、攘夷の精神というのは、そのときに死んだのかというと、実は日本人の心のなかに死んではいない。

保阪　誤魔化《ごまか》しただけで、そのままにしておいたんですね。教育で手直しするなどしなかった。

半藤　そのままにしました。

とりあえずは開国するけれども、いずれ日本を強くしたら必ず攘夷に戻るんだという気持ちが、日本人の精神構造の基本にあるんですよ。

だから、日本人の精神を一尺掘ると、攘夷が出てくるんです。外圧があったときには、必ず、攘夷が見えだすんですよ。

よく、「島国日本」と言うけれど、残念ながら、これが陸の国境を持たない日本という国に住む私たちの、民族的な基本なんです。

保阪　今の尖閣問題も、それなんですね。外圧で攘夷が噴出してきている。

半藤　そう思います。昔、司馬遼太郎（注④）さんにも、この話をしたことがあるんですが、こうおっしゃっていました。

「半藤君の言うとおり。面白い意見だよ。日本人の精神は、一尺掘ると攘夷が出てくる。攘夷は、君のなかにだってあるんだよ」

保阪　確かに、我々の心のなかにだってありますよね。だけれども、出さない。それを抑制する知力を持とうとする。安易な攘夷を否定する知識を身に付けて、自分の心の表に出ないようにしています。それが歴史を学ぶということだと、思うんですけれどね。

半藤　そうです。

攘夷の志士だった坂本龍馬の場合、転向というよりは発展する形で、本物の開国論者になりました。それで突き進んだんですが、攘夷主義者にとって邪魔になった。だから、殺されちゃったんですね。勝海舟だって危なかった。

攘夷が世の中に広まると、あらゆる意味で開国論者は危ないんですよ。

明治の頃に頻発した暗殺は、どれもこの構図です。「天誅《てんちゅう》」という名の正義の下にです。単純すぎる説明に思われるかもしれないですが、こういうことはあまり難しくしないほうがいい。単純にやったほうが非常にわかりやすいんです。

保阪 よくわかります。攘夷の問題なんて、単純に言ったほうがいいですよ。だから怖いわけです。

半藤 攘夷というのは、「闘争する愛国心」なんです。それがナショナリズムと結びつく。闘争する愛国心が最初は民族主義に結びつき、国民主義に結びつく。そして、国家主義と結びつくと……、

保阪 そこに、自分たちだけの排外的な空間が出来上がってしまう。

半藤 今の日本でも、それが形成されつつあるという気がします。ネットの嫌中、嫌韓の集団の空間としてね。

保阪 かつて、幕末から明治初期の日本がそうだったように、今また同じことが起こりつつあるということですね。

半藤 ただ、そうした極端な人たちは国家主義のサイドにいるのですから、勉強しろと言ったって無理だし、ある意味仕方がない、放っておくしかないのかもしれません。ちょっと無責任ない方ですけどね。

問題なのは、日本の大多数を占めている国民主義的なナショナリズムを持つ人たちなんです。この人たちが、尖閣問題などの外圧に刺激され、カッとなって、闘争する愛国心を燃え立たせてしまうと、非常に危険なことになる。

けれども、どうやって止めるのかとなると、なかなか難しいんです。

保阪　「一尺掘れば攘夷が出てくる」、これが日本人全員の精神にある事実なんですから、確かに、いったん火がつくと、止めようがないとさえ思えますね。昭和はそのことを示しているわけです。

■歴史教科書に表れるナショナリズムの歪み

半藤　では、なぜ、若い人のナショナリズムがこんなに歪《ゆが》んできているのか。保阪さんは歴史教育に問題があるとお考えのようですが、それだけではないような気もするんですが。

保阪　確かに、これほど歪んだのは、近代日本そのものの宿命的な構図に原因があるのかもしれません。

ただ、問題意識の一つとしては、歴史教育も要因としてあると思うんです。

最近、話題となっているのは、沖縄の一地域で教科書採用に関する問題が起こっていることです。その地域の教育委員会では育鵬《いくほう》社の教科書を採用したそうです。けれどもある町だけは東京書籍の教科書を採用すると言って譲らない。

そこで、強制ではないけれど、文科大臣が行政命令を出した。けれど、その町は決して育鵬社は使わないとはねつけた。

僕は、最初、何が問題になっているのか、よくわからなかったので、ある新聞記者に聞いたんです。すると、例の「新しい歴史教科書をつくる会（注⑤）」から分裂した「教科書改善の会」の教科書を出しているのが育鵬社で、内容はかなり突出したナショナリズムの鼓吹をやっているんだそうです。

全体の印象では、「個人は国家に従属する」という点に主眼があります。

半藤　育鵬社の公民の教科書ですね。

保阪　そうした教科書が権力の一環に組み入れられており、文科大臣が小さな町に「採用しろ」と迫っている。文科省の政務官で、北海道余市《よいち》の不良少年を善導したので有名になっている人が、わざわざ町にまで出向いたらしい。話に聞くところでは、そのときの態度はかなり強圧的だったそうですよ。

まさに、国益、国権伸長の押し付けです。

半藤　昭和初期、国家主義のナショナリズムをかきたてていた時代、国家の権力側にある人たちは、まず教育に手を出しましたよね。国家主義を育成し、さらに進展させるときには、教育改革から始まるわけですよ。

「ススメ　ススメ　ヘイタイ　ススメ」の国定教科書から始めてきた。昭和八年（一九三三年）です。軍国主義教育のはじまりです。

現在の国家主義も、かつての手法を学んでいるんでしょうね。かなり意識的に、昭和初期の手法を取っているのではないかと思います。

保阪　孫崎享《うける》さんが言っていましたが、日本の高校でいちばんよく使われている日本史教科書には、ポツダム宣言（注⑥）の領土の項目は全部削除されているそうです。尖閣問題を考えるときに厄介だからというんです。

この教科書は割とまともなんですが、そこでさえ、政府の意向を慮《おもんぱか》って、中国が尖閣問題で根拠にしている資料をカットしてしまったというんです。

こういう国家的な押し付けが、教科書の内容の歪みとして出てきている。

半藤　そうですか。教科書はかなり意識的に、国家ナショナリズムの方向へ向けようとしていることは、確かのようですね。

保阪　さらに政府の見解を、子供の教育に使う教科書に盛り込ませるというのですから、これは酷《ひど》い。そんなことをしていたら、次の内閣でもまた自分たちの意向を盛り込ませて、いくらでも教科書をいじることができる。どんどんと、内容が歴史事実から離れていって政治的道具になってしまいますよ。

どうして、そういう無茶苦茶なことをやるんだろう。

半藤　教育の成果はすぐに出てきませんが、何年後かにはテキメンにでてきます。社会の元である政治が歪むから、民の世界も歪んでいくわけですよ。

■敗戦で「天皇のための官僚」から「官僚のための官僚」に変わった

保阪　特定秘密保護法は若手の官僚が主導したと言われています。今回の集団的自衛権の解釈改憲については、どうも外務省の主導のようです。むしろ防衛省は消極的ですよ。

昔、後藤田正晴《ごとうだまさはる》（注⑦）さんが上手いことを言っていました。

「アメリカが何か言うと、外務省の役人が走り回る」

きっと、外務省は戦争のできない日本を、ずっと苦々しく思い続けてきたんでしょうね。だから俺たちが走り回らされるんだと。

いずれにせよ、彼らの意識では、単純に、国益守護、国家の拡大、軍事の肥大は正しいと思っている。集団的自衛権を認めるべきだと思い込んでいるんですね。

官僚というのは、太平洋戦争の頃から国家ナショナリズム的で、「我々は正しい」という意識から抜け出せませんでした。

僕は昔、太平洋戦争の開戦時に政策を練っていた陸軍の軍人に話を聞いたことがあります。その人は、山口県の山村で農家の末弟として育った。村の天才学童だと言われて、有力者に見込まれて支援を受け、陸軍の幼年学校（注⑧）に入り、陸軍省で政策を練るエリートになった。

アメリカと戦争する直前、彼の出身階級である農民は非常に苦労していたし、もし戦争となれば、彼の兄の子供たちが戦場へ行くことになる。

僕はその人に、政策を練るときに、自分の兄弟やその子供のことを考えたことがあるかと、尋ねたんですよ。すると、彼はこう言いました。

「君、そんなことを考えていたら、戦争はできないよ」

当時の官僚には地主階級の人が多かったんですが、一部には貧しい農家の出でも、地主が金を出してくれて、政府や軍のエリートになる人もいた。

でも、一度、国家の機構に組み込まれると、自分の出身階級の苦しみを考えることはなくなってしまうんです。そして、自分たちの仲間を裏切る政策を練るんですね。

これは、今の官僚でも同じだと思うんです。

つまり、有名高校、東大、中央官庁と、官僚としてのエリートコースを行くうちに、自分の育った村や町で持っていた庶民の感覚を忘れ、一つの国家意識へとあっさりと凝り固まっていくんです。

半藤　戦後の歴史教育という観点からすれば、かなり歴史の知識の不足している人が、大学を出て官僚の道を進んで、支配階級、つまり権力者になっているわけですね。

保阪　なぜ、官僚は知識が不足しているのに、自分の歴史観や国家観に絶対的な自信を持って国のかじ取りをできるのか、不思議な気がしますが、事実なんです。

以前、僕は後藤田さんとよく話をしたんです。彼は戦争体験を持っていますし、憲法の重要性も説いていて、官僚出身の政治家としては良心的ないい人です。ところが、そんな後藤田さんでさえ、かなり教養は歪んでいたと告白していました。

彼は、小説を読んだことがないと言っていました。中学、高校、大学と、勉強以外の本を読まなかったとね。

つまり、アカデミズムの外から歴史を見る視点が欠けていたという自省です。だから逆に、自分の歴史観、国家観を絶対だと安心していられるんでしょうね。

今の官僚は皆同じなんじゃないでしょうか。

半藤　また原則論になってしまうんですが、日本の近代国家というのは、軍隊は天皇の軍隊、官僚は天皇の官僚だったんです。天皇の官僚とは、天皇の権限を代行する人間だということですよ。

太平洋戦争に敗けたとき、アメリカの占領軍による改革が行われ、天皇の軍隊は解体させられました。ところが、アメリカが考えていたよりも日本が早く降伏したため、まだ占領政策は準備不足だったんです。

そのため、アメリカは、日本の軍は解体したけれど、官僚はそっくりそのまま温存したんですよ。占領政策を実行するために必要だったからです。

後藤田さんも、温存された官僚の一人ですね。

戦後、アメリカによって温存された官僚たちですが、かつての天皇の官僚という意識が、サァーっと、頭から吹っ飛びました。完全に、といってもいいくらいに。

すると、誰のための官僚になったのか。決して、国民のための官僚にはならなかった。彼らは、自分たちのための官僚になったんです。官僚のための官僚です。自分たちの組織を守るために、国民を支配するようになってしまったんですね。

保阪　むしろその立場が曖昧になった。天皇制の官僚のほうがまだマシだったとなりかねない。

半藤　最近新聞では、あまり「権力」という言葉を使いませんね。安倍内閣とか安倍政権と呼ぶ。

でも、あれは「安倍権力」なんですよ。権力者というのは、そもそも昔から決して国民に奉仕する権力ではないのですからね。支配するための権力であった。

そこのところを、我々民衆は、わかっていなければいけないんです。

保阪　昔の官僚や軍人は、天皇のために働き、天皇の役に立つことをやった。具体的に天皇のために働くということには、国益を守る、国権を拡大するということも含まれていたから、官僚はそういうこともやったということでしょう。

ところが、戦後に一応それが否定されたとき、官僚は官僚のために働くようになったから、より利己的になってしまった。だから怖いんですね。

半藤 官僚が自分たちの権力を守るための一番いいやり方が、ナショナリズムを使って国民を鼓舞することですよ。ナショナリズムを刺激して奉仕させるんです。

保阪 元々、官僚たちを含めた権力者にとっては、教育なんて国民統治の手段に過ぎなかったんですから、歴史事実を歪めるなんて、気にもしていないんでしょう。日本の官僚制度の怖さというのが、今の安倍内閣には極端なまでに出ている。

■政治と一体化するのは、本当の意味の右翼ではない

保阪 田中角栄（注⑨）は、それ以前の政治家とは違っていましたね。庶民のなかで育ってきた倫理観、生活規範というものを失わないで、むしろそれを利用して権力を動かしてきた。そういう意味では、上から来た政治家とは違いました。

ただ、日本の共同体には凄まじい生命力というか、どぎつい面もあり、田中角栄はそういう意味でも下部構造の象徴でした。田中角栄を見ていると、国民的な共同体の倫理観、生活規範が正直に出ているなと思うんです。

半藤 あの人は、庶民出の首相ですからね。下部構造から出た人だから、共同体のモラルはありましたね。

保阪　それこそが彼の強さでしたよ。

半藤　ところが、あの人とは違って、学歴をちゃんと付けてエリートコースを進んできた人は上部構造、権力の一端にたちまちに組み入れられますから、国益の名のもとに、下部構造を上手く使おうとするようになるんですよね。

そういう意味では、もし日本が健全な国家であるならば、国家主義なんてあまり強調されないはずなんです。

保阪　本当の右翼ならば、庶民レベルのナショナリズムを、ないがしろにするのはおかしいんです。戦前の右翼のなかにある純正右翼は特高《とっこう》（特別高等警察）に弾圧されています。

日本の右翼が、もし本物ならば、昭和初期の軍事主導体制に反対しなければならなかったはずだし、今ならば、安倍内閣の動きにも反対しなければならない。

実際の日本の右翼は、ほとんどが完全に時流に呑《の》まれて、政治と一体化してしまう。戦後も今もそうだと思う。

ただ、昭和初期の右翼には一部とはいえ、「この政治は違う」と言って、権力者と一線を引いた人もいます。神道の正統を貫く研究者たちや、農本主義の橘孝三郎《たちばなこうざぶろう》（注⑩）などがそうです。橘さんの理論は私もレベルが高いと思う。晩年に何度も会いましたが、真の知識人だと思いましたね。

日本の伝統的な共同体意識という意味のナショナリズムを守ろうとすると、結果的に明治に始まる近代日本の政府と対立するという構図になり、政府は下部構造であるそうしたナショナリズムを抑圧してきたというのが、昭和初期までの歴史だったわけです。

■軍国主義の擁護論に中身はないが、権力との一体化が怖い

保阪　僕は『文藝春秋』（平成二六年四月号）で、ＮＨＫ経営委員も務める作家・百田《ひゃくた》尚樹氏の歴史観に注文をつけました。歴史修正主義が権力と一体になる怖さが出ているからです。

現在、怖いのは、かつての軍国主義を擁護する百田氏の主張そのものではない。むしろ、怖いのはそうした主張が、現在の権力と結びついて一体化していることなんです。今の時代で、昭和の軍国主義を擁護している人の主張に、耳新しいことは何もない。どれも昔からあったもので、歴史的な根拠は薄いし、説得力の乏しいものばかりであり、ごく一部の人たちが内輪で主張していたものにすぎない。ほとんどの人から無視されてきたというのが、戦後の歴史だった。

現在、そうした主張に、さも大きな意味があるかのように見えるのは、主張している人たちが安倍権力と結びついているからで、この構図こそが怖い。

こういう論旨で批判したんですね。

そのとき、『文春』の編集者は、百田氏は、自分を批判した人にはツイッター（注⑪）で攻撃してくると言うんですよ。そこで、僕と編集部は彼からの攻撃が来るのを待っていたんです。反論してきたら、具体的に論駁《ろんばく》してやろうと思ってね。

ところが、『文春』の記事に対して、彼は攻撃してこなかったそうです。

それを聞いて、わかったと思ったんですよ。

彼らの言っていることは、ただの継ぎはぎの知識にすぎないから、きちんとした事実を根拠にした批判には反論できないんです。

例えば、張作霖《ちょうさくりん》爆殺事件（注⑫）について、「いまだに真相ははっきりしていない」なんて書いている。バカを言っちゃいけない。はっきりしすぎるほどですよ。

事件当時、当時の政府と軍の代表などが委員会を作って調査しています。その調査報告を読めば、日本陸軍の誰が首謀者なのかまでわかります。そうした歴史資料をきちんと読めと言いたいですね。

なにしろ大日本帝国は、昭和二〇年八月一四日の閣議で、あるいは軍事機構の会議で、戦争関係の文書焼却を命じました。つまり重要文書のかなりの部分はこの世から消えたわけです。それをいいことに歴史修正主義者は実証性のない言い方をしている。

かつての軍国日本を擁護したり賛美したりする人はきちんとした知識がないから、歴史事実に依拠して、どちらが正しいのかという問答になると、知らん顔をするのじゃないですか。だから、こちら側が歴史事実を指摘しながら批判すると、反論しないのでしょう。

半藤　張作霖事件については、私の知っているなかにも、ソ連のコミンテルンの陰謀だとあちこちで言っている人がいました。保阪さんの言うとおり、私がきちんと事実を教えたところ、やっぱり、以降はコミンテルン陰謀説（注⑬）をピタリと言わなくなりましたね。

保阪　なぜ、そんな薄っぺらい主張が、今さら力を持ってしまうかについては、色んな視点があるでしょうが、一つには戦後六九年の言論には左翼的な欠落があったせいもあると思うんです。

終戦直後の昭和二〇年代に青少年期を過ごしてきた僕ら以降の世代には、左翼体験のある人が多い。なぜかというと、親たちの世代が右翼的な国家に従属した考えを言うものだから、「ふざけんな」という気持ちになり、左翼に共感した経験があったりする。

それで、戦後六九年の言論世界はずっと左翼的空気がリードしてきたんですが、それに対する反発が、確かに現代の人たちにはあります。

左翼体験のある人がものを語るとき、どうしても論理のなかに、嘘とまでは言わないものの、事実関係の欠落部分が出来てしまっていた。

右翼的な主張をする人は、その欠落をついてくるんですね。

例えば、左翼の人は、「戦争はいけない」としか言わない。でも、戦争が悪いと言う以前に、戦争がどうやって起こるのかというメカニズムを説明するべきなんですね。教育の現場ならば、なぜ戦争が起こるのかを教えて、「後は、あなたたちが自分で判断しなさい」という教育をすればいいんです。

でも、実際には「戦争は悪い」としか教えない。戦争は悪い、戦争を始めた東條英機（注⑭）が悪いと、問題をかなり矮小化してしまった。

そのツケが、今になって回って来ているんだと思うんです。どのようにして、日本が軍国主義に走ったのか、どのようにして戦争を起こしてしまったのか、今の若い人は何も知らないんですね。そこへ、軍国主義を擁護する人から、「実は、あの戦争は……」と言われてしまうと、すっかり信じ込むんですよ。

だから、今の日本におけるナショナリズムの歪みには、戦後の右翼だけでなく左翼にも相応の責任があるんです。

半藤　同感です。右翼の人がそうであるように、左翼の人も同じことしか言わない。だから、多くの人たちは聞く耳を持とうとしないんですよね。

私たちの日本の国には、自然の美しさといい、国土の豊穣さといい、文化や伝統のすばらしさといい、誇りに足るものがいっぱいある。それを敗戦というつらい現実を突きつけて全否定してしまった。そして同じことを言い続けた。

その言動に国民は飽き飽きしてしまった。

■貧しい若者も恵まれた若者も、今の「平和主義」に背を向ける

保阪　戦後の言論で最大の間違いだったのは、日本国憲法を「平和憲法」と実に無反省に呼んでしまったことだと思うんですよ。

あれは、平和憲法などではなく、「非軍事憲法」と呼ぶのが相応《ふさわ》しかったんです。だって、「平和」は最終目標であり、いまだ実現されていない理想ですからね。なのに、「日本は平和憲法を持っている」なんて言うと、これは目標に到達したことになってしまいます。平気で自分たちの憲法を「平和」だと言った瞬間から、日本という国から努力目標が消えてしまった。

もちろん、平和なんてまったく達成できていないのだから、非軍事憲法と呼んで、これからそれを使って、私たちはどうやって平和を達成すべきかという問題設定をしなければならなかったのに、それをやらなくなってしまったんですね。

半藤　それは非常に大事なところですね。
今の青年層のナショナリズムはなぜ歪んだのかと考えるとき、若い人を一緒くたには

できません。経済的に下の層と、少し上にある層とに分ける必要があります。経済的に苦しい若い人は、今の時代、とても多くなっていますよね。就職はできないし、色んな意味で不安を抱え、不満、不愉快、不快で充《み》ちているんですね。そういう人が何を考えるのかというと、やはり、国を変えたいと思うんですよ。この国はおかしい、改革してやりたいと思うんです。昭和の初め、二・二六事件（注⑮）を起こした青年将校たちが日本を改革しようと思ったのと同じです。

今、苦しい思いをしていて、日本を変えたいと願っている若い人は改革を求めている。そんな人たちにとって、「今の日本があるのは平和憲法のおかげだ」なんて言いながら、やれ「憲法九条を守る会」だなんだと、功成り名を遂げた人たちが集まっているのは、不愉快でしょうがないだろうなと、思うんです。

「あんたたちは金もあるし地位もあって安泰だから、今が平和だ、このままでいいなんて言っていられるんだ。俺たちは全然違う。このままじゃ、たまらない」

そう思っている若者が、たくさんいるんです。鬱屈《うっくつ》感というか閉塞《へいそく》感というか。

その一方で、経済的に恵まれている若者もいて、こちらは逆に、すごく現実主義的になっているんです。

「働けど働けど、我が暮らし、楽にならざりき」と思ってはいない。ただ、どんなに働いても出世しないだろうし、したくもないと思っている。働いて上になると責任ばかりが重くなって損をすると、経済的に少し上のほうにいる若者は考えているんです。そういう人たちはすごく現実的で、「平和主義なんて理想を求める話は、もういいよ」と思っている。「もっと歴史を学んで、これからの国家はいかにあるべきかきちんと考えろ」なんて言われると、「うるせえな」と反発するんです。

保阪　どうやって飯を食っていくのかという問題のほうが、理想論よりも先だということですね。確かに、このことを馬鹿にしてはいけない。

半藤　戦後になって現行憲法が出来るとき、日本共産党の指導者は猛反対したんですよ。「今は憲法なんかより、飯を食うほうが先だ」と言ってね。今の若者は、あれと同じ心境なんですよ。

保阪　社会の中枢にいる若者ですね。

半藤　こういう人たちは、現状をそれほど変えたくはないんですけれど、やはり不満や不快感はあるんです。

保阪　なるほど。今の出版社なんか、そういう人が多いのかな。

半藤　青年層のナショナリズムが、なぜ、歪むのか。変な話ですが、今の安倍首相のように、「我々はもっと独立しなければならない。もっと強くならなければならない」と言って、あたかも信念があるような顔で靖国神社に参拝するような人が出ると、今の社会に不満、不快を持っている人は支持したくなるということがあるんですね。

保阪　確かに、そういう心理は若い人に働いている気がします。この前、三〇代の新聞記者から取材を受けたんです。この人なんか、少し上に位置している青年の典型だと思いますが、僕が安倍さんの政治姿勢や政策には反対だと言ったら、こう反論してきました。

「でも、安倍さんは、アメリカの青年が日本のために一生懸命血を流しているのに、我々が黙視していていいのか、と言っています。僕はその通りだと思うんです」

僕は呆《あき》れて、反問しましたよ。

「おい、おい、ちょっと待て。戦後六九年経つけれど、アメリカの青年が日本のために血を流したなんて事実が、一回でもあったのか」

そんな事実が、もしあるのなら、安倍さんの言い分も成り立つ。しかし、実際には一度もそんなことは起こっていない。二〇〇四年（平成一六年）にペルシャ湾で、日本のタンカーが巻き込まれそうになった自爆テロで米兵に死傷者が出たことを声高に言う人がいるが、まったく別次元の話だ。むしろ、ジラード事件（注⑯）のように、面白半分にアメリカ兵が日本人を殺した出来事のほうが、現実には起こっている。

そう説明して、もう一度、尋ねてみたんです。

「それなのに、日本の青年がアメリカのために血を流すべきだという安倍さんの言うことを、どうして、正しいと認めなきゃならないの？」

その瞬間、三〇代の記者はハッとしたように、「ああ、そうですね」と言ったんですよ。まるで、幻想か妄想から覚めたという顔でしたね。

半藤 ことの善し悪しとか、歴史的な事実の有無とかを確認する前に、感情をそちらの方向へと誘導されてしまっているんです。さらに、決断力や実行力のあるふりをする権力者が出てくると、善し悪しを抜きにして、俄然、その人を信頼して、ナショナリスティックな行動を始めてしまうんですね。

とにかく、今の日本の若い人たちのなかには、信念を持ってやったことを支持する、ことの善悪より決断力や実行力が尊い、と思う人たちが多くなった。

経済的に下のほうにいて、苦しんでいる若者にとっては、もちろん、今の日本は許せない国です。ぜひ、改革しなければならないと思っている。

そして、今の状況をあまり変えてほしくない中層にいる若者でも、感情を誘導されて、ナショナリスティックに鼓舞されてしまうと、そちらのほうに動いてしまうんですね。

■共同体のない孤独な若者の心は、国家と直結する

保阪 ある女性記者と話していて、気づいたことがあるんです。

「今、四〇％近くが非正規雇用、つまり会社という共同体に所属していない状態なんですね。保阪さんはご存知ないかもしれませんが、彼らのなかには、ヘイトスピーチ（注⑰）をしている人もかなりいるんですよ」

彼女に教えられて、なるほどと思いました。

僕たちの多くは、家族や会社などの共同体に属しています。経済的に比較的恵まれている若者も、ほとんどが正社員だったり、家庭を持っていたりしますから、幾つかの共同体に属しているんです。

ところが、全雇用者の中で四〇％近くも占めている非正規の人は、会社という共同体に属していません。経済的に苦しくて結婚できずにいる人も多く、家庭という共同体にも属していないケースは珍しくない。

ここに歪みの生まれる要因があると思うんです。

家庭や会社の一員である人は、自分の共同体を通して国家を見ています。

例えば、家族をバカにされると「ふざけんな」と思うし、自分の会社の悪口を聞くと嫌な気分になる。まず共同体の一員としてのプライドが働くんですね。自分の共同体とほかの共同体の付き合いを通してその視野を確立していく。その経験が積み重なり、それを元にして国家のことを考えるんです。

仮に、隣の国から悪口を言われても、共同体での経験があれば冷静になれます。

「あの国はウチの近所の短気な山本さんと似ているのかも。悪い人じゃないけれど、ときどき勘違いするんだよな。でも、向こうがカッカしているときに、こちらが何か言えばケンカになる。しばらく間を置いたほうがいいね」といった具合です。

ところが、共同体に所属していない人は、こうした経験を積むことが少ないんです。しかも、どこにも属していないという孤独感がある。それで、心情がいきなり国家と直接に結びつきやすいんですよ。

それで、日本がバカにされると、自分がバカにされたような気になるんです。「俺の国をバカにしやがって」と、カッとしやすくなっているんだと思う。

半藤　わかりやすい例ですね。

保阪　本当に半藤さんの言うとおりなんです。心情が国家と直結しているから、ちょっと感情を誘導されると、共同体を持たない孤独な若者の心は、簡単に国家ナショナリズム的になってしまう。

「俺たちの国がバカにされて黙っていられるか。バカにされないようにしてやる」と、いきなりヘイトスピーチをしたり、国を強くしたいと考えたりしてしまうんでしょうね。問題なのは、今、非正規の人たちの受け皿が自衛隊になっていることのようです。防衛省の人に聞いてみたんですよ。

昔、自衛隊は人集めに苦労していて、教養の有無なんか問わずに、必死になっていた。

数を揃《そろ》えるために誰でも採用して、必要なことは自衛隊に入れてから教えていたので、一時は、職業訓練所のようになっていました。

ところが、今は違います。防衛省の人に「最近、どんな人が集まっていますか」と尋ねると、「教養レベルが高いですよ。大卒者も多いですしね」と言っていましたよ。二〇代で大学を卒業しても正社員の口がない。それで将来を悲観し、今の日本に不満を持っている若い人が自衛隊を受け皿にしているようなんです。

すると、自衛隊は国家教育をする必要がない。最初から国家主義的な人がやって来るんですからね。これは怖い。だって、「俺たちの国をバカにするなんて、ふざけんな」と思っている人が武器を持つというんですから。

■国と心情が直結すると、従軍慰安婦問題の本質が見えない

半藤　若い人の心情が国と直結することの怖さを、もっと具体的に言うと、従軍慰安婦問題が出てきますね。

あの問題は、戦中の日本軍や官憲が従軍慰安婦に関与したかどうかという議論から始まったのですけれども、世界が何をいちばん問題視しているのか、日本側は本質をなぜか誤解しているように思えてならないのです。

今の安倍内閣は、従軍慰安婦という太平洋戦争中に存在したものに、当時の日本軍や官憲が関与したという証拠がないと言っています。それは正しいでしょう。

しかし、業者がやったことであっても、少なくとも裏側で軍なり官憲なりが従軍慰安婦を認めていなければ、実際のところ、戦場やそれに近いところで兵隊に女性を世話するような店を業者が開けるわけがない。当時の日本が国家として関与したのは明らかだと、韓国では皆が怒っているんですね。

この問題は、朝日新聞が大々的に訂正しかも謝罪していないと、いっそう日本の若い人のナショナリズムを刺激することになりました。「これで軍や官憲の関与がないことがより明らかになったゆえ、謝る必要なんかない」といっそう強くなってしまった。

ところが、これは日韓だけでなく、世界中で問題になっているのです。

ただし、世界が問題にしているのは、国家が関与したかどうか、あるいは強制性の有無ではないんですよ。それが少なくとも問題の本質ではないんです。

国際社会から問われているのは、戦争中に悲惨な目に遭わされた女性の、人権の問題なんですね。人道の問題なのです。

つまり、残酷な目に遭わされて苦しんだ個人に対して、日本という国家がどれだけの歴史的な贖罪《しょくざい》を示せるのか、個人が受けた苦しみや屈辱に日本がどう応えるかが、世界から注視されているんです。

若い人のために、もっとわかりやすく言いましょう。

「今の日本人は、かつての日本人が慰安婦たちにしたことを、酷いことだったと思っていないのか」ということなんです。

従軍慰安婦問題で、世界が日本という国に問うていることの本質は、女性の人権に対するスタンスであり、求められているのは、歴史事実に対する贖罪です。

当時の国家に法的な責任があったかどうかなど、まったく問題の本質でないことは、丁寧に勉強すればわかることなんです。

ところが、今の若い人は、その本質をわかろうとはしない。

保阪　心情が国家に直結しているからですね。史実を見る視点がなくなっている。

半藤　軍は関与していません、官憲は関与していません、業者が勝手にやったことです、だから、日本国はこれに対して責任がありません。

政府がそう言うと、国と気持ちを直結させている若い人は、「そうだ」と思ってしまうんです。

そうではなく、あの当時、女性に残酷なことをしたのは紛れもなく日本人であり、実態として利用したのは日本という国家だったんですよ。その事実に対して、今の日本という国がどういう態度を取るのかを、世界の国々は見ているんだと、わからなければいけない。根本は、「苦しんだ人への想像力を持てるか」なんです。「それを相手に届くように示せるか」なんです。ヒューマニズムの問題なんです。

なのに、そういう見方ができないんですよ。

■世界のなかの日本という視点が欠けている

保阪 同じように、問題の本質がわかっていないなと思うのは、南京《なんきん》虐殺の問題（注⑱）です。

中国の習近平《しゅうきんぺい》が「南京虐殺三〇万人」と発言すると、一部の人たちが例によって、「大げさだ、そんなにいるわけがない」と騒ぎ立てる。

でも、国際社会で、こんな論理を持ち出したら大変なことになりますよ。

例えば、イスラエル人が、「アウシュビッツでナチスが殺したユダヤ人は八〇〇万人だ」と言ったとする。そのときに、ドイツ人が「いや、あれは三〇〇万人ですよ。イスラエル人は大仰に言う」と反論したら、国際世論から囂々《ごうごう》の非難が起こります。

もちろん、ドイツ人はこんなバカなことを言いません。問題の本質が、虐殺された人の数などではないことを、理解していますからね。

南京虐殺や従軍慰安婦の問題でおかしなことが起こる理由は、どちらも、同じなんですよね。世界の国々が何を問題にしているのか、本質がわかっていれば、自分たちのやっていることは論理の筋道がずれているとわかるはずなんです。

ところが、日本で最近、急増している「ネット右翼（注⑲）」の論を編集者から聞くと、彼らは、世界のなかの日本という視点が欠けていて、本質から外れたところで怒ったり、国際的に見て非常識な行動を平気でやったりするというんですよ。

日本の外からはどう見えるのかを考えないから、ナチスの旗を持ってデモをするのがなぜ悪いのか、理解できないんです。

半藤　そのくせ、経済が絡むと、国際化をやたらに口にするんですよ。国際化は経済だけの話ではないんですけれどね。

国際化というのは、世界のことを広く知り、個々の国や地域の事情や常識を柔軟な態度で受け入れて、世界のなかの日本という視点でものを見ることです。

そうした視点があれば、やれ「韓国の言ったあそこは、事実と違う。けしからん。要求など、断固はねのけろ」なんて、問題の本質からズレた議論にはならない。

世界的に見てどこが本質的問題なのかがわかっていないから、すぐに国家ナショナリズム的な言動に走ってしまうんですよ。

保阪　世界という視点で見ることができない原因は、歴史教育の不足など様々あるでしょうが、結局は、その人自身が現代に生きている姿勢に根本があると思います。

経済的、社会的な悩み、それに時としてどの共同体からも切り離されている。自分という個人が国家と直結していて、中間がない。だから、国家を多角的に見ることができなくなっているんです。

半藤　私らは、青年のナショナリズムがなぜ歪んだのかと考えてしまうけれど、実は、歪んだんじゃないんですね。それが愛国心だと思っているだけなんです。

保阪　国家ナショナリズムを愛国心だと思い込まされ、利用されているんですね。僕らにはそのことが歴史の知恵としてわかるけれど、利用されている本人たちには、わからないんです。

半藤　ネットはやはり問題ですね。想像力が鍛えられない。本を読んでいると、自然に想像力が付いてくるんですが。

例えば、ゲーテの本を読むとします。そのとき、私という読者はゲーテと対話することになるんです。「ほう、ゲーテさん、あなたはそう思うんですか、でも、私は違うと思いますよ」という具合にね。

つまり、想像を巡らして、目の前にはいないはずの著者と話をしているんです。ところが、今の若い人は本を読まない。ネットばかりです。ネットは想像力を刺激しません。ただの情報として大量に流通しているなかから、自分の気に入ったものを選択するだけなので、想像力を使う必要がないんですね。

慰安婦の問題もそうで、繰り返しますがいちばん大事なことは、当事者の状況や気持ちを想像することです。もちろん、慰安婦をして大金を儲けた人もいるでしょう。ネットでそんな情報を自分で選び出しておいて、「なんだ、商売だったんじゃないか」と思い込んでしまうのは、想像力をどこにも使っていません。

全ての慰安婦だった人が商売をしていたわけではない。多くの人にとって、あれは残酷極まりない性的虐待そのものだっただろうと、少し想像力を働かせればわかります。

保阪　想像力を持てない国は、崩壊すると思うんです。

歴史に関する問題が他国との間で起こったとき、相手の真意を想像して汲み取ろうとせず、事実を確認することもしない。それで、若者たちが「俺たちの国がバカにされた」と、ただ怒って勇み立つばかりでは、日本の将来は暗いですね。

■戦後の「イヤだイヤだ反戦」でナショナリズムが歪んだ

保阪　一部の若者のナショナリズムの歪みは酷いですが、大人たちも酷いもんです。例えば、戦争体験を語るというとき、お爺さんやお婆さんが小学校へ行って、「戦争のときは食べるものがなくて、大変だった。毎日、毎日、雨あられと爆弾が落ちてきて……」と、こんな話ばかりしますよね。それが戦争体験ということになっている。

僕はそんな話を聞かされると、いつも、こう尋ねるんです。

「ちょっと待って。あなた、それはいつからの話ですか。昭和一九年の終わりか、昭和二〇年になってからのことじゃないですか」

すると、相手は何が言いたいんだろうという顔になる。

「そうよ、東京大空襲があって……」

「じゃあ、その前はどうだったんですか。昭和一七年の三月は？　昭和一四年の三月はどうです？」

昭和一七年（一九四二年）の三月は太平洋戦争が始まった直後だし、昭和一四年（一九三九年）三月は日中戦争（注⑳）の最中です。ところが、戦争体験を語るはずの人は、キョトンとした顔になる。

「さあ、どうだったでしょうか。どこかで、戦争をやっていたみたいだけれど」

自分が酷い目に遭ったことはよく覚えていても、それ以外については、戦時中のことをろくに覚えていないんですね。これじゃあ、戦争体験を語ることにはなりませんよ。

つまり、戦後行われてきたのは、本当の反戦ではなく、「イヤだイヤだ反戦」なんです。

爆弾や焼夷弾を落とされて、やっと戦争はこんな酷いことなんだとわかった。けれど、その酷い戦争をどうして始めてしまったのか、自分たちの国の軍隊がよその国で何をしたのか、二度と同じ事を起こさないためにはどうすればいいのか、こうしたことは、ほとんどの人が考えて来なかったんですよ。

自分の受けた被害しか覚えていない。被害者意識はあっても、他国に何をしたのかを知ろうとしないから、加害者だという自覚はない。

あの戦争に対する、この認識の浅さが、今になって、若い人のナショナリズムの歪みになって表れているんです。因と果の関係にあるんです。

つまり、戦後の「イヤだイヤだ反戦」のツケが回ってきているんですよ。

例えば、「沸騰しているお湯に手を突っ込むと火傷《やけど》する」と、老人が火傷の痕《あと》を見せながら子供に教えたとします。その人が生きているうちは、火傷の痕を見て、子供はお湯に手を突っ込んだりしないでしょう。

でも、その老人が死んでしまった後は、「沸騰したお湯で本当に火傷するのか」と疑って、手を突っ込む子供が、必ず出ますよ。

つまり、ただ「火傷する」と言うだけでは、教訓や伝承にならないんです。

沸騰しているお湯は一〇〇度という高温だ。一〇〇度になると人間の皮膚はただれて、激痛が起こる。しかも、重症になり皮膚のたんぱく質が変性すると、二度と元には戻らない。それが火傷だ。だから、沸騰しているお湯に手を突っ込んではいけない。

このように教えて、やっと教訓として役に立つんです。

戦争体験を語るのも同じです。

自分たちの被害ばかり言い立てるのでは、戦争防止の役には立ちません。どうして戦争になってしまったのか。何をやった、あるいは何をやらなかったから戦争になったのか。戦争のとき、日本の外で自分たちの軍隊は何をやったのか。そのために、外国の人はいかに酷い目に遭ったのか。

このような、自分たちにとって忘れてしまいたいことも、覚悟して語ってこそ、教訓として役に立つんですよ。

小学校で、自分が酷い目に遭ったことしか言わないような戦争体験談を繰り返すのは、もうやめるべきですね。

半藤　戦争を語り継ぐと皆が言いますけれど、私も頼まれて、自分の経験した昭和二〇年三月一〇日のことを語ったことがあります。大空襲で九死に一生を得た話や、茨城県の下妻《しもつま》で米軍機P51の機銃掃射で腰を抜かしたことを話したりするんですが、なんとはなしに、語っている自分のなかにヒロイズムが出てくるんです。

「俺はあの過酷な状況を生き延びてきたんだ。見事なんだ」

という気持ちが湧いてくるんですね。

本当は全然、そんなことはないんですよ。ただアタフタしていただけです。命からがら逃げていたんですから。ブルブル震えていたんですから。

ところが、無理して語っているうち、だんだんと心のなかに昂揚する気持ちが出てくる。まるで、戦争映画のヒーローか何かになった気分になるんです。

これじゃあ、人に正しく戦争を伝えたことには、ならないと思いますね。

戦争を語り継ぐことの難しさを今は痛感しています。正しく話し続けることは大事だと思うがゆえに、いっそうそう思うのです。

■戦争記念館で「女子高生が泣いた」？　ふざけるな！

保阪　中国の南京大虐殺記念館、沖縄戦の玉砕《ぎょくさい》地に飛んだ特攻機の基地である鹿児島県知覧《ちらん》（注㉑）の記念館、広島の原爆記念館など、こうした第二次大戦の記念館には、どこもプロの語り部《べ》がいますが、口調がみんな同じなんです。一つの職業化した口調なんですが、あれでは戦争を語っていることにはなりませんよ。

例えば、中国の南京大虐殺記念館を訪れた日本人について、ある中国の友人がこんなことを言うんですよ。

「日本の女子高生たちが集団で来ると、その説明を聞いて皆が泣くというんですよ」

中国側は、日本の若者を泣かせて成功だと考えているんでしょうか。僕はこれは愚《おろ》かだなと思いました。

泣くほうも愚かだけれど、泣かせているほうも愚かではないか。

だって、泣くことに、なんの意味がありますか。

僕自身、平頂山《へいちょうざん》（注㉒）の記念館に行ったときも、ちょうど日本の労働組合の代表とおぼしき人たちが団体で来ていて、説明員から、日本軍の大虐殺行為を聞かされるうちに興奮して、「日本軍国主義は許さないぞ」と五、六人で叫んでいましたけれど、僕はバカなことをしているなと思っていた。

それを見ていた僕の案内人に「どう思いますか」と尋ねられたので、こう答えました。

「この行為を、人間として悲しいとは思う。けれど、僕がこの行為をやったわけではない。だから謝らない。事件当時、まだ生まれてもいない僕に行為の責任は一切ないし、僕は日本人を代表しているわけでもないから、謝るのも妙なことです。ただ、二度とこうしたことはしない、もし日本がこんなことをまたやるような国になりそうだったら、命を賭けても抵抗する。止められるかどうかは別にして、とにかく、努力することだけは約束します」

泣くなんて意味がない、繰り返さないことが重要なんだと、僕は言いたかったんです。

ところが、戦争の記念館は、どこでも来館者を泣かせようとするんです。それで、「女子高生が泣いたんです」なんて、得意げに話す。広島にも知覧にもそれはあります。説明を聞いていて、ああ、ここで泣かせようとしているなとわかる。展示物の遺書にも一節に下線が引いてあって、明らかに泣かせようとしている。

問題は、そこなんですよ。ナショナリズムの歪みと絡めて、きちっと論じておかなければならないことなんです。

戦争の遺物や事実を使って、なぜ泣かせようとするのか。どうして、感情を押し売りしようとするのか。

感情を誘導して、戦争の悲惨を都合よく利用しようとしているからです。

政治的な意図のためです。泣かせて、自分らの国家に都合の悪いことから目を背《そむ》けさせ、その痕跡《こんせき》をきれいさっぱり忘れさせるためにです。

つまり、政治のために人々の感情を利用しているんですね。と言っても、僕も泣いてしまうことはあるから、これは自戒でもあるんです。

「国家権力に、簡単に感情を押し付けられてたまるか」

僕はそう言いたいですね。

半藤　今、日本で戦争のことを話すと、どれもこれもあえて言えば『永遠の0《ゼロ》』（注㉓）になっちゃっているんでしょうかね。事実よりも美学的になっている。そのほうが受ける。そうなるところに、戦争を語り継ぐことの難しさがある。自分たちが加害者だった部分もあるのに、語るときにそれは抜いてしまう。いや、自然に抜けてしまう。徹底的に被害者だったとして、語ってしまうんですよ。そのほうが語りやすい。

少なくとも日本で戦争を語るときに加害者の部分を抜きにするのは、根本的に間違っていますね。

でも、そういう風になってしまったのは、戦後の教育のツケが回ってきたため、ということになるのでしょうね。

■団塊世代に刷り込まれている「嫌中、嫌韓」の歪み

半藤　戦争を知っている世代の「イヤだイヤだ反戦」も問題ですが、それよりもちょっと下の団塊世代になると、今度はかなり過激な右翼的言動をする人が目立ってきます。

保阪　電車の中でも、中国や韓国のことを悪しざまに言っている団塊世代とおぼしき六〇代の人がいますよね。

僕の担当編集者のなかには、インターネットなどで僕や半藤さんなどを批判する高齢者を徹底して追跡して、どんな人なのかを特定してしまう人がいる。そこでわかった人物像は、だいたいが社会的な欲求不満があり、悪口で憂さ晴らしをしているということなんですね。そうした人の生き方と歴史の見方とを絡ませて考えると、若い人の心情が国家と直結しているのと同じ形の歪みがあるように思います。

半藤　彼らの意識で、一つだけ、なんとなくわかる気のすることがあるんです。

団塊世代の人たちは戦争直後の時代に子供だったわけですが、その頃、日本にいた中国人や韓国人のなかには、勝利国の一員として随分と乱暴なことをした人がいたんですよ。あまり言いたいことじゃないんですけれどね。子供の頃に、そうしたことを親の世代から何か聞いたりしていたかもしれません。

子供の頃のそんな体験が、いまだに影響しているのかもしれません。

保阪　それは言い出したらきりのない話ですけれど、考えられます。

僕も子供の頃に覚えがありますもの。終戦直後、両親が夜、「三国人《さんごくじん》が来る。カギを掛けておかなきゃ」と言っていた。

確かに、日本で中国や朝鮮の一部の人が暴徒化した時期がありました。しかし、ほんの一時のことですし、戦前や戦中に、日本人はそれほどの恨みを買うような酷いことを、中国人や朝鮮人にしていたんです。

半藤　おっしゃるとおりです。ただ、当時の団塊世代は子供でしたから、ものすごく嫌な思い出として心に強く刷り込まれていたと思うんです。

もっとも彼ら自身は、実際の体験が嫌中、嫌韓という先入観になっているとは言いませんし、自覚はないんでしょうけれど、実際には、かなり強烈に心に刻まれているんじゃないでしょうか。

例えば、私は終戦の頃、今で言えば高校生の年齢でしたが、父親が「電車のなかで朝鮮人と中国人がひどく威張って、日本人を殴っていた」と話していたし、自分自身でも目撃したこともあって、嫌な気分になったことを今でも覚えています。

もっと幼かったはずの団塊世代が、親のそんな話に衝撃を受けたとしても無理はない。ましてや、直接、見たのならばひどく怯《おび》えたはずで、一生消えない心の傷になっているかもしれません。幼い頃に刷り込まれた意識が、今も残っているのでしょう。

保阪　終戦の頃、僕は北海道にいましたが、電車のなかで、やはりそうしたことを見たことがあります。戦中に警官だったらしき人を、電車のなかで朝鮮の人が見つけたんです。その警官は戦中に取り調べか何かで、彼らに酷いことをしていたんでしょう。「こいつだよ」と言って、二、三人でぶん殴っていました。

嫌悪感が刷り込まれてしまった、というのはわからないでもありません。確かに、一時期とはいえ、朝鮮や中国の一部の人が相当に酷いことをしていました。復讐《ふくしゅう》という生身の人間感情が露出する光景は、確かにありましたからね。

半藤　ある程度の年齢に達していた私たちには、中国や朝鮮の人が暴れているのは、昔の復讐だとすぐにわかりましたが、まだ幼かった人には、ただひたすらに怖いだけの出来事であり、恐怖と嫌悪感だけが残ったのでしょう。

幼い頃の刷り込みというのは、なかなか消えません。

しかし、これは中国や韓国の人にとっても同じです。

彼らもまた、子供の頃に、日本人によって酷いことが行われたのを見ていたのかもしれない。そのときの恐怖感や嫌悪感は、やはり、なかなか消えないはずです。団塊世代が耳にしたであろう中国や朝鮮の人による暴力もまた、日本人による残酷な行為を幼い頃に刷り込まれていた結果なのかもしれない。自分たちを一方的に被害者のように思い込むのではなく、そのように想像しなければいけないんです。

たとえ刷り込みは消えなくとも、それから六〇年もの人生経験を積んでいるはずです。想像力によって、刷り込まれた意識を乗り越えることができないのならば、情けないと言われても仕方がないでしょう。

■国家ナショナリズムの煽動者は、民衆のナショナリズムを宣伝に使う

半藤　国家主義的なナショナリズムには、鼓舞する人がいることは見え見えですね。

保阪　最近、中国や韓国の人が書き手となって、戦前の日本の軍国主義を擁護する本を出していますよね。多分、商売としてやっているんでしょうが、ちょっと穿《うが》って見ることもできる。これはかつての陸軍の情報将校から聞いたんです。

つまり歴史の教えるところでは、自国を批判し、敵対国のことを褒める外国人は、だ

いたいが敵国のスパイだったそうです。

もちろん、今、出されている本の著者はどうだか知りませんよ。ただ、ああしたことは今の韓国も中国も、戦略として、やはりやりますからね。実際にそういうことを言っている識者もいますし……。

一つはっきりしているのは、かつての日本の国家ナショナリズムを中国人や韓国人が褒めているのを読んで浮かれるなんて、自分でものを考えるのを放棄している証拠だということです。お粗末な話ですよ。

半藤 ナショナリズムの鼓舞で思い出すのは、昔、清水幾太郎《いくたろう》（注㉔）先生は非常に演説が上手かったことです。こんな演説を聞いたことがあるんです。

自衛隊の諸君が家に訪ねてきて、涙ながらに言った。

「これから北海道に赴任いたします。美しい日本を守るために、北海道にソ連が上陸したときには、自ら特攻隊の意識を持って、これを迎え撃ちます」

それを聞いていて、思わず自分も、はらはらと涙を流した。

私は聞いていて、上手いと思いましたね。さながら講談を聞くようで、会場では本当に感動して泣いている人がたくさんいましたよ。自己犠牲ほど人を泣かせる話はない。これは、米ソ冷戦構造下で反ソを訴える演説でしたけれどね。

保阪 確かに、清水幾太郎の演説は上手でしたよね。六〇年安保のときは逆の立場でアジったわけですが……。

半藤　今のナショナリズムは、清水さんの反ソを訴えるナショナリズムとはちょっと違うけれど、やはり煽動している人がいますね。名前は言わないでおきますが、ちょっと気をつけて読めば、誰でもわかりますよ。

保阪　そう。ナショナリズムの煽動者は巧みに、ナショナリズムの意味を使い分けるんです。民衆的なナショナリズムで感情を誘導しておいて、国家ナショナリズムに吸収させようとします。国家と個人を比べて、国家を上に置いておき、国家に対する服従の姿勢を取る涙っぽい話を、美談として語るんです。

ああ、お涙ちょうだいの話で国家に服従させようとしているな、という感じがする。

半藤　だから、国家ナショナリズムの煽動者だと、すぐにわかりますよね。

保阪　鼓舞者には、メディアが含まれることも特筆しておかなければいけませんよね。

半藤　煽動の一番先頭はメディアですよ。特に昨今はそうです。

繰り返しますが、朝日新聞の社説が戦後になってから、「ナショナリズム」という言葉をやっと使ったのが、昭和三八年（一九六三年）ごろだった。問題は、戦後のメディアは、それほどにも「ナショナリズム」という語に怯《おび》えていた、慎重だったということなんです。それを逆手にとるメディアもいたんですよね。

半藤さんが『週刊文春』の編集長だった頃に、「ナショナリズム」という語を雑誌のすよね。

見出しに使いましたか。

半藤 いえ、一回も使いませんでしたね。

保阪 ところが、今の週刊誌だと、頻繁にナショナリズムについて書かれているんですよね。

ただし、ナショナリズムの意味が、一〇年以上前と比べて、まったく様変わりしたように思います。

半藤 昔とは違いますね。今の雑誌では、国家主義的な意味のナショナリズムを強調しません。必ず、国民主義的な面ばかり書く。

日本は美しい国であり、日本人は優しい民族であり、武士道の精神がある。だから、日本を大事にしなければならない。こんな形で書くんですね。

保阪 観光旅行の広告文そっくりだ。

半藤 確かに、日本にはそうした良い面もいっぱいありますから、嘘ではない。でも、それだけを強調して、日本のナショナリズムを全て良いものとして書いてしまうと、国家ナショナリズムの宣伝になる危険がある。

保阪 戦後社会がナショナリズムという言葉に臆病だったことが、結果的に言語空間を狭めてしまい、今になって国家ナショナリズムの宣伝に利用されてしまっている。

逆に、「平和」という言葉は、現実を直視しないままに、使われすぎた弊害が出ている。

半藤　今になると、「平和」という言葉を口にすると、皆が嫌がります。「平和なんて単なる過程だ」、「平和は目的ではなく、退屈な現実だ」などと言う人さえ出てきて、皆が大した意味を持たない言葉だと思ってしまっているんです。

戦後の混乱期とは違って、平和は実体のない抽象概念であり、そんなものは信用できない、そう思っている人が多い。特に、今の日本の権力者はそう考えていると思えますね。

保阪　戦後社会は、もっとナショナリズムという言葉を使うべきだったんですよ。ナショナリズムには我々の日常にある生活規範も含まれるんだと言って、国家ナショナリズムに対峙させて使えばよかった。

そうすれば、今のように、お涙ちょうだいの美談に仕立てて、庶民ナショナリズムを、国家ナショナリズムとすり替えて利用されることもなかったんです。

半藤　そうなんです。私たちの国土にも民族にも、誇るに足るものはあるんです。『源氏物語』だって『万葉集』だって、大変な文化遺産です。それは誇ってもよかった。

ところが、そうした面のナショナリズムさえも言論空間から封じてしまったため、今になって、上手くすり替えられて、国家ナショナリズムに利用されているんです。

注①【尖閣問題】日本が実効支配している尖閣諸島について、台湾と中国が領有権を主張している問題。琉球王国の時代から尖閣諸島は知られていたが近代以前には無人島で、明治になり琉球が沖縄県になると、琉球諸島に含められて地図に記載されている。日清戦争後に日本人が入植してアホウドリの羽毛の採取や鰹節《かつおぶし》の製造などが行われたが、対米戦争の可能性が出てきた昭和一五年（一九四〇年）に再び無人島に戻る。第二次大戦後には、沖縄の一部としてアメリカの管理下に入っているが、昭和四七年（一九七二年）の沖縄返還のときに尖閣も戻されたと日本側は解釈している。

注②【慰安婦】軍人・軍属に売春業を行っていた女性のことを従軍慰安婦と言う。戦前の日本においては公娼制度という国家による管理売春制度があり、慰安婦のいた慰安所も公娼の一種だった。

注③【尊王攘夷運動】天皇を尊び外夷《がいい》（外国または外国人をいやしめて言う語）を退けることをスローガンに、幕府政治を批判した江戸末期の政治運動。尊王論と攘夷論とは本来別の思想だったが、幕藩体制の動揺と外圧の増大により両者が結合し、下級武士や豪農の間にまで広く浸透していった。

注④【司馬遼太郎】大正一二年～平成八年（1923～1996）。小説家、ノンフィクション作家、評論家。本名は福田定一《ていいち》。『梟《ふくろう》の城』で直木賞受賞。代表作は『竜馬がゆく』、『燃えよ剣』、『坂の上の雲』など。戦国や幕末、明治を扱った歴史小説で人気を博した。『街道をゆく』をはじめとする文明批評的なエッセイでも知られている。

注⑤【新しい歴史教科書をつくる会】平成九年（一九九七年）に結成された団体。戦後日本における歴史教育が「自虐史観」だとし、新たな歴史教科書をつくる運動を進めると主張している。平成一九年（二〇〇七年）に分離し、「改正教育基本法に基づく教科書改善を進める有識者の会」（「教科書改善の会」と略される）が設立され、扶桑社の子会社である育鵬社から教科書が発行されることになった。「つくる会」からは中学の歴史と公民の教科書が、平成一三年版と平成一七年版が扶桑社から出版され、平成二一年版と平成二三年版は自由社から出版されている。

注⑥【ポツダム宣言】一九四五年（昭和二〇年）七月二六日にアメリカ合衆国大統領、イギリス首相、中華民国主席の名で、日本に対して発せられた宣言。日本はこれを受諾し、第二次世界大戦は終結した。内容は一三条からなっており、日本軍の無条件降伏を求めている。なお、領土に関する条項は第八条で、「8、カイロ宣言の条項は履行されるべき。又日本国の主権は本州、北海道、九州及び四国ならびに吾等《われら》の決定する諸小島に限られなければならない。」となっている。

注⑦ **【後藤田正晴】** 大正三年〜平成一七年（1914〜2005）。元内務官僚で警察官僚出身の政治家。「カミソリ後藤田」の異名をとる。田中派に所属し、顕職を歴任した後、中曽根内閣で官房長官、竹下派の旗揚げには参加せず無派閥に。宮沢内閣のとき副総理を務める。引退後は政界のご意見番と見なされていた。

注⑧ **【陸軍の幼年学校】** 陸軍幼年学校のこと。陸軍軍人を養成する各種学校の一つ。年少時から幹部将校候補を全寮制で教育した。

注⑨ **【田中角栄】** 大正七年〜平成五年（1918〜1993）。政治家。昭和四七年（一九七二年）に首相就任、日中国交回復を実現する。金脈問題で退陣後、ロッキード事件で刑事告発された。最大派閥田中派を率い自民党総裁指名に影響力を行使、「闇将軍」と呼ばれた。

注⑩【橘孝三郎】明治二六年～昭和四九年（1893～1974）。政治運動家、農本主義思想家。昭和四年（一九二九年）に愛郷会《あいきょう》を結成し、昭和六年に勤労学校愛郷塾を設立する。五・一五事件では塾生を率いて東京の変電所を襲撃し、無期懲役となる。昭和一五年（一九四〇年）に恩赦で出獄した。

注⑪【ツイッター】インターネット上で、一四〇文字以内の「ツイート」（つぶやき）を投稿できる情報サービス。「ミニブログ」といったカテゴリーに分類される。ツイッター社によって提供されている。

注⑫【張作霖爆殺事件】昭和三年（一九二八年）六月四日、中華民国の奉天《ほうてん》近郊で軍閥指導者の張作霖の乗る列車が爆発炎上し、張作霖は死亡した。終戦まで事件は公表されず、日本国内では「満州某重大《ぼうじゅうだい》事件」と呼ばれていた。当初、事件は中国国民党のゲリラの犯行に見えたが、日本の政党などによる現場調査の結果、日本軍の偽装工作だったことが確認され、事件の主犯は河本大作大佐と報告されている。

注⑬【コミンテルン陰謀説】張作霖爆殺は、ソ連のスパイが実行して、日本軍の仕業に見せかけたのだとする説。ソ連崩壊後の二〇〇〇年代に歴史作家であるプロホロフが主張した。ただし、歴史学の専門家でこの説を採る学者はおらず、河本大佐らの犯行であることは通説となっている。

注⑭【東條英機】明治一七年〜昭和二三年（1884〜1948）。陸軍軍人、政治家。永田鉄山《てつざん》らとともに陸軍の統制派の中心人物だった。第二次、第三次近衛内閣の陸相として、日独伊三国同盟の締結と対米英開戦を主張し、捕虜となることを禁じる戦陣訓を示達《じたつ》している。首相として太平洋戦争突入を強行し、軍事独裁体制を完成させた。敗戦後、極東国際軍事裁判でA級戦犯として死刑判決を受け、昭和二三年（一九四八年）一二月に処刑された。

注⑮【二・二六事件】昭和一一年（一九三六年）二月二六日、一部の青年将校らが起こしたクーデター未遂事件。「昭和維新、尊皇討奸《そんのうとうかん》」を掲げ、天皇親政を実現しようとした。

注⑯【ジラード事件】昭和三二年（一九五七年）一月三〇日、在日米軍が、群馬県相馬《そうま》ヶ原《はら》演習場で実弾射撃訓練中、ウイリアム・ジラード三等特技兵が、空薬莢《からやっきょう》などを拾うために演習場に来ていた日本人主婦に、グレネードランチャーで空薬莢を発射、即死させた事件。

その際、ジラードは主婦に、「ママさん　大丈夫」などと声をかけて、わざと近寄らせてから発砲したという証言が出て、在日米軍への非難が起こり社会問題化した。ジラードは日本の裁判にかけられ、殺人罪ではなく傷害致死で有罪、懲役三年・執行猶予四年の判決を受けた。なお、ジラードの引き渡しおよび、処罰の軽かったことについては、日米間で密約のあったことが、平成三年（一九九一年）のアメリカ政府の秘密文書公開で明らかになっている。

注⑰【ヘイトスピーチ】憎悪表現と呼ばれるもの。近年の日本では反韓デモなどにおいて、公然と「死ね」、「殺せ」などという憎悪表現をする者が現れている。

注⑱【南京虐殺の問題】昭和一二年（一九三七年）一二月、日中戦争で日本軍が南京を完全攻略した際、多数の虐殺があったとする南京事件に関する問題。虐殺があったか否か、虐殺被害者の数などについて、日中で論争がある。中国共産党政府は虐殺があったとし、被害者数を三〇万人以上とする見解を採っているが、日本側の学者から異論が出されている。

注⑲【ネット右翼】インターネットの電子掲示板などで右翼的な主張を発表する人たちを指す。右翼思想というよりは、単に尊大で排外的な主張をする人が多いが、これも含まれる。「ネトウヨ」と略されることがあり、一部メディアでは「ネット保守」と呼ばれている。

注⑳【日中戦争】昭和一二年（一九三七年）七月七日に起こった盧溝橋事件を機に、大日本帝国と中華民国の間で始まった戦争。昭和二〇年（一九四五年）まで続いた。第二次世界大戦の一部をなす。

注㉑【知覧】太平洋戦争末期、鹿児島県知覧町（現・南九州市）に陸軍の特別攻撃隊基地が置かれ、多数の特攻隊員が出撃して戦死した。現在は跡地に「知覧特攻平和会館」が設立されている。

注㉒【平頂山】平頂山事件のあった場所を指す。柳条湖《りゅうじょうこ》事件直後の一九三二年（昭和七年）九月、現在の中国遼寧《りょうねい》省撫順《ぶじゅん》炭鉱近くの平頂山集落の住民が、日本軍のゲリラ掃討作戦により殺傷された。集落のほぼ全員が機関銃で掃射され、それでも死ななかった人は銃剣で刺されたと伝えられている。戦後になり、当時の奉天総領事だった森島守人《もりと》が事件の存在を著書で明かし、さらに後、本多勝一が『中国の旅』（一九七二年、朝日新聞社）で事件を取り上げて広く知られるようになった。現在、撫順には平頂山殉難同胞遺骨館がある。

注㉓**【『永遠の0』】**作家・百田尚樹の小説。映画化や漫画化も同名でなされている。

注㉔**【清水幾太郎】**明治四〇年〜昭和六三年（1907〜1988）。社会学者、評論家。六〇年安保闘争などの理論的指導者となる。安保後は『現代思想』『倫理学ノート』で近代化論を展開し、新しいナショナリズムをとなえた。

第二章

近代史が教える日本のナショナリズムの実体

■国民国家の成立は日露戦争後だった

半藤　私は『日露戦争史』（1〜3　平凡社ライブラリー）という本を書いたんですが、そのなかで当時の日本人をどう呼ぶべきかと相当に考えたんですよ。結局、「民草《たみくさ》」という今ではあまり使わない言葉で呼ぶことに落ち着いたんですが、かなり迷いました。民衆、大衆、どれも違う。日露戦争（注①）前、まだ日本人は大衆になっていません。かと言って、人民と呼ぶわけにもいかない。これは左翼の階級闘争の用語ですし、左翼的な史観で書くわけではありませんのでね。では、国民か。しかし、あの頃の人々はまだ、国民にはなっていなかった。

そこで、改めて気づいたのは、日本人は日露戦争を経験した後、初めて「国民」になったということだったんです。

明治以前、人々は徳川家、あるいは島津公とか毛利公など、各藩に属する民であり、決して日本という国に所属しているわけではなかった。明治になっても、人々の意識は依然として各藩の民のままだったんですね。

明治政府になり、天皇が国家の中心に据えられても、人々の意識のなかでは天皇の国家には、まだなっていなかったんですよ。

軍隊にしてもそうで、建前としては天皇の軍隊ですが、兵隊たちには天皇に忠節を尽くすという意識はない。むしろ、藩というか、郷土のために働いていたんです。

例えば、第二師団だと日露戦争の頃は仙台、会津若松、新発田《しばた》、高田の兵隊で構成されていましたが、意識としては郷土の部隊だった。

日露戦争のとき、天皇の兵隊としてではなく、自分たちの住む郷土の部隊として戦場に行き、世界の五大強国であるロシアと戦ったんです。

そして、勝利を得たことで、初めて、日本という国家を人々の心に知らしめることになりました。

「おまえたちの国家が勝ったんだ」

と、世界が認めてくれたからです。それでやっと、国民という意識が芽生え、国民主義という意味でのナショナリズムが生まれたんですね。

日露戦争の直前から、政府や新聞によってナショナリズムが鼓舞されました。戦争が始まって、いっそうそれは強まった。でも、人々のなかには戦争への不満があった。軍事費を捻出するために、税金が高くなるだけだと思われていたんです。

それでも、不承不承ながら、臥薪嘗胆《がしんしょうたん》で頑張った。その結果、当時の強国であるロシアに勝って、世界から賞賛された。人々は日本という国を意識し、そこに所属することへの誇りを、やっと持つようになったわけですね。一等国になったのだ、と言ってね。

近代国家としての日本の、ナショナリズムのスタートは、日露戦争の勝利国家になった時点である。そう見るのが正しいと思うんです。

それ以前の日本はまだ正真正銘の国民国家ではないから、国民という言葉は使わないほうがいいのではないか。

そこで、「民草」という言葉にしたんですよ。まだ、風になびく草のような存在だったという意味でね。

保阪 確かに、日清戦争（注②）の頃などは、まだ国民国家にはなっていませんね。調べてみると、あの頃の軍隊には天皇に忠節を尽くすという意識はかなり曖昧《あいまい》だったし、統一された軍としての規律さえ整っていません。兵隊教育も体系だっていないし、まだ字の読めない兵士も多かった。

半藤 日清戦争後、三国干渉（注③）があり国家として苦しみました。人々も酷税に耐えさせられるうち、徐々に国民的なアイデンティティーを育てつつあったんでしょう。

保阪 日露戦争の頃、ちょうど二〇世紀に入って間もなくですね。

半藤 新しい世紀に入ったということと、強国ロシアに勝ったという高揚感とで、初めて、日本の人々がネーション（国）という意味でのアイデンティティーに目覚め、日本国民になったと、私は見ます。

つまり、日露戦争後に、国民主義のナショナリズムは、やっと始まったんです。

■愛郷心を愛国心に変える困難

半藤　日露戦争以前の明治期でナショナリズムという言葉を使うならば、民族主義の段階だったと思います。明治より前の攘夷《じょうい》運動の頃は、ナショナリズムとさえ言えない段階ですね。

保阪　日露戦争前の明治三五、三六（一九〇二、〇三年）年ごろには、社会主義協会（注④）や平民社（注⑤）ができたりしていて、ヨーロッパ思想に目を向けるようになります。中江兆民《ちょうみん》（注⑥）の著述などもありました。そうしたことにより、国家というイメージが浸透していったということですね。

半藤　確かに、知識人などの上層階級には若干、国家という意識が出てきてはいます。ただ、一般の人々にはまだ届いてはいなかったと思いますね。

保阪　日清戦争を調べたときに驚いたんですが、あの頃の兵隊には字の読めない人がかなりいただけでなく、国際社会そのものがまったく頭に入っていない兵士も多かった。日清戦争の前、明治二二年に徴兵令の大改正があり、事実上の国民皆兵制度になった。

それで、字の読めない人まで兵隊になったんです。だから、あの頃の陸軍には、天皇の軍隊という軍人教育をする以前の問題がかなりあったんですね。

半藤　日露戦争以前の為政者は、民草にアイデンティティーを持たせるのに一生懸命でした。国策としてのナショナリズム教育のために、軍人勅諭《ちょくゆ》（注⑦）や教育勅語《ちょくご》（注⑧）を作って、苦労して国民としての意識を持たせようとしていたんです。

日本という統一した国家の意識がないので、国家主義的なナショナリズムを作る必要がある時代だったんですよ。

軍人勅諭は兵隊のためのナショナリズム教育ですし、教育勅語は一般の民草向けのナショナリズム教育です。これらにあえて付け加えれば、元々宮中の行事だった祝祭日の四方拝《しほうはい》や天長節《てんちょうせつ》などを、民草に降ろしてやらせたりもしています。

保阪　明治一七年ですね。国民の生活のなかに宮中祭祀も入ってくるようになります。

半藤　そして、明治二三年に教育勅語を発布します。それにより、祝祭日を国家のお祭りにし、教育勅語を読むという習慣を付けていったんです。

「父母《ふぼ》ニ孝《こう》ニ　兄弟《けいてい》ニ友《ゆう》ニ　夫婦相和《あいわ》シ　朋友相信《ほうゆうあいしん》シ……」

こう書かれた教育勅語を読ませて、美しい日本の民族性を大事にし、この国家を作っていきましょうという、お祭りをやったんですね。

祝祭日というのは、国民国家が成立する以前の日本では、民族主義的なナショナリズムとして、非常に役立っていたんですよ。そのとき、喜ぶときの「万歳」も、民族の特別なスタイルとしてできたんです。「万歳」、それから提灯《ちようちん》行列や花電車、とにかく民草にアイデンティティーを持たせるために、色々なことを華々しく、賑《にぎ》やかにやった。

保阪　教育勅語は天皇により下賜《かし》されたものですね。下賜されたのだから、これは天皇そのものであり、学校では大切に管理する。火事で燃えたりすると、校長の責任になりました。

半藤　学校には御真影《ごしんえい》というのもあった。天皇と皇后の写真ですね。祝祭日には必ず御真影をお祭りし、皆で祝ったんです。

こんな具合に、日本をなんとか一つの統一された民族の国家にしようと、明治の人はもの凄く苦心したんですよ。

保阪　教育勅語や御真影を、当時の人々が受け入れたのは、少しずつ段階を踏んでということですよね。

半藤　まず学校から受け入れさせていきました。教育勅語を暗唱させ、御真影にお辞儀させる。祝祭日に学校へ行って、そういうことをさせられた後、小学生たちは紅白のおまんじゅうをもらったりしていたんです。

そういう形で、天皇を中心とする国民国家の成立を図ったんですね。

保阪　日露戦争の勝利によって、そうした政策は実を結んだ。国家の説くナショナリズム政策は正しかったということになるわけですね。

半藤　ロシアに勝ったことで、日本という国は世界の一等国になったと喜んだんですよ。当時、一等国という言葉は非常に力を持っていたんです。これが、あの時代の日本人の誇りであり、ナショナリズムをかきたてたんです。

保阪　昭和になって太平洋戦争の開戦前にも、「このままでは一等国から二等国に落ちてしまう」なんて言っていましたものね。それを零落の意味に使っていた。

半藤　戦争に敗けたとき、うちの父親なんか、「ああ、これで四等国になった」と言ったものです。明治生まれの人は、一等国というのをかなり意識していましたよ。たしかにそれが誇りでもあった。

保阪　一等国だなんだというのは、各国のナショナリズムの序列化みたいなものですね。

半藤　一等国というプライドを保持したという意味では、日本が国民国家として成立してから崩壊するまでは、短い年月だったんです。明治三八年（一九〇五年）に成立して、昭和二〇年（一九四五年）に敗戦で崩壊するまで、たった四〇年なんですからね。

保阪　ああ、四〇年周期説（注⑨）ですね。軍人勅諭にせよ教育勅語にせよ、明治政府にはそれを作った知恵者がいたということですよね。井上毅《こわし》（注⑩）や森有礼《ありのり》（注⑪）などが知恵を絞って国民主義を推し進めたんでしょう。でも、明治の指導者を見ると、個々には案外リベラルな思想の持ち主ですよね。

半藤　みんなリベラルですよ。

保阪　ところが、国家統一へと収斂《しゅうれん》するときの技術的な問題では、それぞれが自分の思想とは別の形を採用しているんですね。それが不思議です。

半藤　やはり、民草にとって別々の郷土への愛郷心だったものを、日本国への統一した愛国心に変えるのは、大変な作業だったということなんでしょうね。ナショナリズムも、民族主義からおもむろに国民主義という形をとるようになったわけですね。

■急造ナショナリズムの矛盾──近代日本の不幸

保阪　神道も、国民国家を作るために、国家神道として利用されましたね。この辺りが日本独自の理由になりますけれど……。

半藤　天皇家だけの儀礼だったものを、国民的な祭りにしたりしてね。

保阪　そこには、無理もあったんでしょうけれど、色んな無理が出てくる都度、それが民草の前に露呈しないように押さえたとも言えます。

半藤　明治末年には、検閲が酷《ひど》くなったり、弾圧が酷くなったりするわけです。そうしないと、国民国家としてのアイデンティティーが保てなかったんじゃないですか。

保阪　南北朝正閏問題《なんぼくちょうせいじゅん》（注⑫）も、国家神道の無理が出た例に入りますね。幸徳秋水《こうとくしゅうすい》（注⑬）が裁判にかけられたとき、「今の天皇は北朝《ほくちょう》だから本当の天皇ではない」と発言した。判事はそこでいきなり、非公開の秘密裁判に切り替えたんですよね。日本は天皇中心の国民国家だと言っているのに、肝心の天皇が偽物だとなったら、ナショナリズムの前提が崩れてしまいますから、大問題だった。

当時の国家形成に不可欠な天皇の存在と、国家統一のためのナショナリズムの装置だった国家神道とで、矛盾を起こしていたんです。

これは、日本が国民国家を目指してナショナリズムを形成するのに、急ぎすぎた結果だったんでしょうかね。

半藤　急ぎすぎたんです。

国家神道の皇国史観により、日本とは万世一系《ばんせいいっけい》の天皇家を中心にした国家なんだという、民族統一のナショナリズムを形成した。けれど、天皇家の歴史は一度、南朝《なんちょう》と北朝に分裂しており、皇統の論理から言えば、南朝を正統としなくてはならないようです。ところが、残念ながら、明治天皇は北朝の天皇だったんですね。北朝の天皇には名前に「仁」が付きます。南朝の天皇には「仁」は付きません。明治天皇には「仁」が付いており、明らかに、正統ではないはずの北朝なんですよ。

つまり、皇国史観と明治帝の存在とは矛盾していて、「我々の国家は万世一系の天皇を中心としている」という主張には少しばかり無理があるんです。ナショナリズムの形成を急ぎすぎたために、大きな矛盾を犯してしまった。そういう意味では、日本のナショナリズムは、研究不足のまま一気呵成《いっきかせい》に作られてしまった感がありますね。

日本民族という意識により統一国家を目指すのならば、もっと慎重にナショナリズムを形成すべきだったかもしれません。日本の歴史にしても、南北朝の問題も含めて、どのようにして国家が形成されてきたのかを、もう少し丁寧に説明すべきでした。

ところが、実際に私たちが教わった歴史では、いきなり明治維新というもの凄い大事業が成立して、一遍に近代国家になったことになっていました。天皇中心の素晴らしい国家なんだと、ただ、教わるだけだったんです。

保阪　それが、半藤さんがおっしゃるところの、薩長《さっちょう》史観ですね。

半藤　そうです。つまり、明治維新などと格好のいい文字で国民をめくらましましたが、要するに薩長による権力奪取の暴力革命だったんです。自分たちを正当化するために、ね。そして、この薩長史観でいきなり通して、きちんと準備してナショナリズムを形成しなかったから、方々で矛盾が出たんですよ。その矛盾を押し殺すために、かなり強権的なことをせざるを得なくなりました。そこが、近代日本の不幸なところだったんです。

■背伸びしすぎた国家の焦りが大正デモクラシーをつぶした

保阪　明治期のナショナリズムの形成はそれなりにわかりましたが、大正期のナショナリズムというのは、あまりよくわからない。むしろ大正デモクラシーのほうがはっきりしています。この辺りに大正という時代の混乱があります。

半藤　歴史では大正デモクラシーという言葉が記憶に残りやすいですが、実は非常に短い期間の現象でした。大正一〇年（一九二一年）になる前にはつぶされているんですからね。

保阪　大正デモクラシーが抑圧されたのは、確かに民草にまではデモクラシーは広まっていないものの、天皇の周辺のインテリには浸透していたからですよね。当時の権力者であり為政者だった薩長閥《ばつ》には、大正デモクラシーによって国家のアイデンティティーが喪失するんじゃないかという、恐怖感があったんでしょう。

半藤　かなりあったと思いますよ。あの頃、まだ薩長の力の強い時期でしたから、もしかして革命が起こるかもしれないと、本気で心配していたのではないですか。

保阪　民本主義の吉野作造《さくぞう》（注⑭）なんか、『中央公論』に、民本主義を説く三〇ページくらいずつの論文を二回にわたって載せていましたし、為政者にはそれは怖かったでしょうね。

半藤　そうだと思いますよ。これは、国家が統一を急ぎすぎたゆえの恐怖だったんでしょうね。それに、外圧もそろそろ大きくなってきたし。

保阪　変な言い方かもしれないが、あの頃の権力者たちがようやく成立した統一国家の転覆を心配していたのならば、弾圧の対象をもっと絞り込んでもよかったはずなんです。

当時、国家神道や皇国史観によるナショナリズムと対立する政治思想は様々あったんですが、あの頃の政治中枢にあった人々は、このような各種の思想の中身を吟味することもなく、一元化して全部を抑圧してしまった。けれど、あの時点で本当に国家体制を崩壊させるだけの力のある思想は、多分、共産主義だけだった。この思想はロシア革命後に燎原《りょうげん》の火のごとくに、あっという間に広がっています。

国家統一を守るのなら、弾圧の対象は共産主義だけでよかったはずです。それなのに、全ての対立する思想を一元化して弾圧したんですが、これは間違いだったと思うんです。

半藤　急いでいたからですね。彼らは焦っていたんですよ。日露戦争が終わって、一等国になったと思い込んだ。でも、これは背伸びのしすぎだったんですね。

まだ重工業は全然できていない。それなのに、もっと軍艦をつくらなければならない。陸軍も師団を増やさなければならない。これは大変ですよ。一等国としての産業力も資源もないのに、列強並みの軍備は必要だったんですからね。

保阪　一等国でありたいと焦る心理の原因はなんだったんですか。むろん国民感情もあったでしょうが、対ロシア恐怖症ですか。

半藤　ロシア、そしてアメリカへの恐怖ですね。背伸びをしたから、色んな所でぶつかっていたんです。それともう一つ、焦る理由があった。辛亥《しんがい》革命（注⑮）ですよ。

保阪　一九一一年に孫文《そんぶん》によって起こった、中国の近代革命ですね。

半藤　明治四四年に当たります。中国が統一国家を目指して動き出した、それに革命によって新しく出来た国家・ソ連の脅威もある、当時の権力者には双方が目の前にあるわけです。

保阪　周辺には、イギリスやアメリカなどの先進諸国の圧力もある。これはどうしたって、軍備増強を焦りますね。

しかし、逆に考えてみれば、あの頃の日本はそうした状況でよく生き延びたものですね。

半藤　第一次大戦があったからですよ。もし、あの大戦がなかったら、日本はもっと大変だったでしょうね。

保阪　日英同盟（注⑯）があったのでお付き合いの形で参加し、結果としてドイツがアジアに持つ権益を貰《もら》ったことになりますよね。

半藤　幸運だったんです。そういう意味では、明治維新のときも同じでした。それまで日本にどんどんやって来ていた列強の艦船が、ちょうど明治維新のときにプロイセンとフランスの間で普仏《ふふつ》戦争が起こって、皆、そちらに回ってしまったんです。列強が日本へ来なくなった隙に、明治維新を起こしたんですね。

そうそう、明治維新の直前、井伊大老が桜田門外の変で暗殺された翌年に、アメリカでは南北戦争が始まっている。アメリカも日本どころの話ではなくなっていました。

近代になってからも、日露戦争の一〇年後に第一次大戦が起こって、列強が中国を留守にした間に、日本は地歩を固めたわけです。

こう見ると、近代国家としての日本は、幸運に恵まれていたんですよ。「この国のかたち」を決めなければならない大事なとき、欧米列強はアジアから遠ざかっていた。

保阪　後には、その幸運を天皇のおかげにして、「我が国は神州《しんしゅう》だ。神々のご加護があるんだ」というふうに利用していくんですよね。太平洋戦争の開戦詔書《しょうしょ》がそうです。

■「一等国日本」を掲げ、大国主義に走る

半藤　日露戦争以降、為政者たちはナショナリズムをかきたてるために、国家目標を大きくしたんですよ。

日露戦争で勝てば賠償金が取れると散々煽《あお》って、高い税金を人々に我慢させてきた。ところが、戦争には勝ったのに賠償金は取れなかった。その不満を宥《なだ》めるために、「これから日本は一等国なんだ。大国になるんだ」と煽り立てるしかなかったんですね。

ただ、あの時点の日本には、小国主義という選択肢もあったんです。石橋湛山《たんざん》（注⑰）が言っていたように、バカでかい軍備なんか持たなければ、大きな歳入は要らないから植民地も要らなくなります。資源にも生産力にも乏しい国家なのであるから、貿易を中心にして、財政規模の小さい国家を運営していけばいいと考える人も、当時の知識人のなかにはいたと思うんですよ。

保阪　ところが、国民の心理が小国主義を許さなかったわけだ。

半藤　大国主義を採ったことで、後に中国や朝鮮と衝突する結果を招くんです。あのとき、石橋湛山の言うように小国主義を選んでおけば無難だったと思いますよ。

保阪　ただ、当時の国民感情では、そこまで冷静に考えられなかったでしょう。随分と政府も大国主義を煽りましたしね。煽り煽られるうちに、その火は大きくなっていく。

半藤　一応、日露戦争は勝ったのだから、というわけです。

実は、あの戦争は日本が勝ったわけではない。欧米の仲裁により勝った形で終わっただけなんですが、当時の政府は、国民にそのことさえ白状できなかったんです。

保阪　アメリカに上手く仲介してもらったにすぎない。それなのに、「勝ったんだ、一等国なんだ」そういう空気で膨《ふく》れ上がって、実体のないようなナショナリズムによって、国民国家になった。

半藤　そうした空気でもないと、こんなに一気に国民国家はできませんからね。ただ、そうした空気に反対する人もいて、その一人が夏目漱石でした。

保阪　ああ、そうですね。吉野作造とか、ごく少数派ですね。

半藤　漱石の『三四郎』のなかの有名な言葉があります。熊本から上京してきた三四郎が「日本もだんだん発展するでしょう」というと、前の席に坐っていた紳士が「亡《ほろ》びるね」という。これです。ただ日露戦争に勝ったからといって有頂天になり、夜郎自大となっていてはいかん、と漱石は予言しているわけです。

そういう意味では、日本のナショナリズムは、国民の意識や考え方をあまり錬成する機会を持たず、空気のような実体のないものとして存在してしまったんです。

大正期にナショナリズムが問題となるような出来事は特に起こっていません。あるのは、ただ、権力の側による外交、軍事でのちょっとした冒険くらいです。大正四年の「二十一ヶ条の要求（注⑱）」とか、シベリア出兵（注⑲）とかね。

ああしたことは、どれも国民の理解や了承を得ているわけではなく、権力者がどんどんと先へと進もうとしただけのことなんです。

■関東大震災が日本社会を改造させた

保阪　確かに表立ってではありませんが、上部構造はその「二十一ヶ条の要求」とかシベリア出兵などを見ても、国益と国権を間断なく膨張させている。こんなときに下部構造の側はそのことに気づいていないし、自分たちも上部構造に唱和していく心理状態が培養されていたんですね。

その背景として、あの頃の上部構造の人間が、国益を伸ばし、国権を拡大しようとしたのは、天皇に対する奉公という意識なのか、それとも後発国として先進国に追い付こうとする軍事行動だったのか、その分析は必要です。

半藤　後者だったでしょうね。

とにかく、重工業国家を作らなければならない、大防衛国家を作らなければならない、大軍事国家を作らなければならないと、課題だけはたくさんあったんですからね。色々と手を尽くさなければいけなかったのだと思います。

それが、関東大震災で一遍に吹っ飛んでしまった。

保阪　関東大震災といえば、ナショナリズムの変形した現象が起こっていますよね。民衆による朝鮮人虐殺事件（注⑳）です。

関東大震災のとき大火災になり、「朝鮮人が放火した」というデマが飛んだ。それで、民衆が朝鮮人や中国人を襲って、虐殺してしまった。単なるデマで、虐殺にまで発展してしまったのは、日本社会の中に潜在的に朝鮮人や中国人を抑圧しているという負い目があり、そこから来る恐怖感があったということでしょう。

戦後、共産党系の人たちは、人民の力は正義だと言い続けました。なんでも人民のやることは正しいと彼らは言ったけれど、僕は大間違いだと思う。日本の民衆には、おかしな状況になると社会病理的な現象を起こすところがある。

半藤　関東大震災もそうですが、もの凄い危機に直面すると、日本人は民族として純粋になりたがる傾向があるんですよ。

今だって、「朝鮮人、出ていけ」なんて、ヘイトスピーチをする人の心理に同じ面があります。日本人だけの国でありたいという攘夷《じょうい》意識が出るんですね。

もう一つ、関東大震災の前年にワシントン海軍軍縮条約（注㉑）があり、日本の軍備が抑えられていた。かなり、外圧を感じている時期だったんです。そのときに、朝鮮人が暴れているというデマが飛んで、「大変なことになる」という恐怖感が沸き起こったんですね。

いずれにせよ、昭和に入る前の日本は一生懸命だったんですよ。一生懸命な割には成果が上がらなかった。

なぜかというと、社会主義が入って来たり、民主主義が入って来たりして、出来たばかりの統一国家を崩壊させまいとするあまり、思い切った改革ができなかったからです。

保阪　国家が一体となった改革が出来なかった。軍でさえできませんでしたからね。その内部には民主主義的な考えも入っている。

半藤　状況としては、ソ連が五ヶ年計画を進めており、中国は統一に向かって孫文らの国民党軍が北上を開始して、日露戦争の勝利で日本が権益を得ていた満州に迫っていました。そこへ、関東大震災があって、日本にガタが来た。そして昭和が始まるんです。

保阪　関東大震災というのは、歴史年譜で見ると、社会の混乱を国家が鎮《しず》めるという段階で起こっていると言えますよね。あれで日本社会が改造されて、昭和を迎えるんですから。

半藤　私たちの生活が一遍で改造されました。

保阪　陳腐な言い方ですが、江戸が完全に消えて、東京になっていくということですね。

■満州事変の頃、軍と民が一体化したナショナリズムになっていた

保阪　昭和のナショナリズムを考えるときに、満州事変（注㉒）で大きく変わったこ

とを見逃すわけにはいきません。国際的に日本が孤立するのも、満州事変からと考えることが当たっていますしね。

半藤　満蒙《まんもう》問題と当時言いました。「満蒙を生命線とする」という言い方をするのですが、当時、財政の面からは満州と蒙古が日本政府にとっては利益線であり、国防の観点から軍部にとっては防衛の最前線だったんです。

そこで、軍部が満州事変を起こしたわけです。

保阪　秦《はた》郁彦さんの本では、満州事変は軍部のクーデターだったとよく書かれていますが、僕は当たっているのではないかと思うんです。確かにそういうところがありますよね。

半藤　ありますよ。

それまでの日本の政治は、満州の問題を真剣に考えて来なくて、なんとなく成り行き任せにしている。ところが、現実の海外情勢を見ると、蔣介石の国民党にせよ、ソ連にせよ、満州への圧迫がどんどんとかかって来ていた。軍部には政府に対する不満があったんです。また、当時の国民はというと、不景気だったこともあって財政縮小を求めており、新聞にも煽られて、「軍縮だ、軍縮だ」と言っていた。

こんな状況では国防が完璧にできないと、軍部には怒りと焦りがあり、クーデターを企てた。それが満州事変だったと、そのように見ることもできます。

保阪　政府は満州に軍を増派しないと決めていたのに、軍はそれを全部破っているんですから、完全にクーデターですよね。政治が実効性を持たなくなる。

半藤　とにかく満州事変の起こる直前まで、国民は新聞に乗っかって、軍事費のかかる軍備拡大なんか認めなかったからですよ。

保阪　新聞は販売戦略もあって、むしろ軍縮の方向へ煽り立てた。

半藤　軍縮が日本の世論になったから、政府も動かなかったんです。

保阪　ナショナリズムの上部構造と下部構造（三一頁参照）という意味で言うと、国益の守護と国権の伸長という上部構造の「国家ナショナリズム」が、「庶民ナショナリズム」を完全に支配下に置くようになったのは、満州事変がきっかけだと思う。

昭和六年（一九三一年）に満州事変が起こり、翌年に満州国が出来ています。

ただ、当時のことを考えると、これには無理もないと思う面がある。というのは、満州国を作るということには、日本という国が生存権を確保するという意味もあったからです。

生存権の確保という意味から、軍は満州事変を正当化し、国民がそこへ組み込まれていく。軍が中心となった上部構造のナショナリズムに、国民が了解するという形で合体していくんです。

満州事変はそういう合体の形で理解していいと、僕は思います。

昭和におけるナショナリズムの転換について、外的に大きな要因は満州事変でしたが、内的な要因としては、農業恐慌などによる酷い不況がありました。食うものもなく、農民には自殺する人も多かった。

その状況を見て、軍の青年将校が正義感をかきたてられていて、これは確かに国民の下部構造としてのナショナリズムを一面で代弁していた。それが、五・一五事件（注㉓）や二・二六事件をはじめとするテロやクーデターという形で表に出てきます。

もちろん、テロを肯定するわけにはいかない。けれど、青年将校たちの「日本の農民を救え」という意識それ自体は、ある意味、軍が庶民ナショナリズムと一体化していく理由にはなっている。

半藤　国家が独立を獲得するための運動としての民族主義、統一国家を発展させる大きな運動としての国民主義、昭和一桁の時代は、この双方のナショナリズムが軍の主導によって、最も発揮された時期だったと言えますね。

保阪　当時、頻発したテロやクーデターの檄文《げきぶん》や決起趣意書を読むと、今、半藤さんが言った形のナショナリズムを、全面的に含んだ内容になっているんです。それで、国家主義のナショナリズムに向かおうとするんですが、変な国家主義なんですよね。

半藤　軍が変なナショナリズムを鼓舞したんです。

保阪　そうです。檄文や決起趣意書では、国家主義的なものを批判したりしていますからね。ナショナリズムという意味では、庶民的な面と国家的な面の二重性があります。

半藤 五・一五事件は国民から非常に好意的に受け止められ、国民はクーデターを起こした青年将校の罪を軽くするように嘆願書を寄せています。皆には、ナショナリズムにより国家をしっかりさせたいという思いがあったんでしょうね。

ただ、五・一五事件の処分を軽くしたことは、後に国家ナショナリズムを急伸させるきっかけになってしまったので、大きな間違いなんですけれどね。

保阪 昭和になるとメディアにも力がついて来ていますし、軍人上がりの評論家とか、学者で軍に近づいている人によって、ナショナリズムが鼓吹されています。昭和七年（一九三二年）から昭和一〇年（一九三五年）頃にいろんな本が出ていますね（一二七頁参照）。これらの書にはこの頃のナショナリズムの歪みが出ている。

半藤 満州事変について考えるときに大事なのは、昭和初期に日本は非常な不景気だったことです。

昭和三年（一九二八年）には金解禁の論争がおこり、昭和四年（一九二九年）にはウォール街の大暴落から世界恐慌が起こり、日本にも恐慌が襲ってきています。昭和五、六年くらいには、『大学は出たけれど』という映画があったように、大卒者でもろくに就職口がないという貧困状態に陥っていた。

ところが、満州事変を経て満州国を建国し、日本は戦争景気に沸いたんです。世界的

昭和８年から昭和10年にかけて出版された ナショナリズム昂揚の書（その一部）

忠誠堂編集部編『**「五・一五」の全貌と解説**』忠誠堂、昭和８年

津田光造『**五・一五事件の真相**』軍事教育社、昭和８年

警察思潮社編『**五・一五事件の真相**』警察思潮社、昭和８年

関東朝日新聞社編『**血で描いた五・一五事件の真相**』共同館、昭和８年

富岡福寿郎『**五・一五と血盟団**』弘文社、昭和８年

清瀬一郎『**造化の秘鍵　五・一五事件の弁論**』日本講演通信社、昭和８年

伊福部隆輝『**五・一五事件背後の思想**』明治図書出版協会、昭和８年

※(保阪注) 五・一五事件に関する書は以上のほかにもまだ多数あり、いずれも被告たちを弁護する内容であった。

綾川武治『**不穏思想の真相と其対策**』兵書出版社、昭和８年

新見竜王『**聖天皇と第一帝国**』新見波蔵、昭和10年

※(保阪注) 以上のほかに美濃部達吉の天皇機関説排撃運動関連の書、原理日本社の蓑田胸喜らの日本精神昂揚の書がある。特に蓑田は、リベラリストや自らの気に入らない学者などを次々に名指しで攻撃している。特に昭和８年ごろには以下のような書を刊行し、美濃部らの追い落としに躍起となった。むろんその背景には陸軍省の将校らの有形無形の支援があった。

蓑田胸喜『**学術維新原理日本**』原理日本社、昭和８年

蓑田胸喜『**美濃部博士「憲法撮要」の詭弁詐術的「国体変革」思想**』しきしまのみち会原理日本社、昭和８年

蓑田胸喜『**昭和維新の正機**』原理日本社、昭和８年

蓑田胸喜『**帝大法学部「国権否認論」の法理学的批判**』原理日本社、昭和10年

に恐慌からいちばん初めに抜け出したのは、日本だったんですよ。

保阪　昭和八年（一九三三年）頃からですね。

半藤　大変な高度成長期だったんです。昭和一一、一二年くらいには、日本の経済状況は最高だった。国民が一致してよく働いたんです。

保阪　確かに国民向けの政策も色々とやりました。

半藤　歴史的に見ると、この時期に天皇機関説（注㉔）問題や国体明徴《めいちょう》運動（注㉕）、思想弾圧などもありましたが、国民の生活としては一番良い時期なんです。

保阪　ヒトラーが国民生活を向上させたのと同じですね。経済を良くしてナショナリズムをかきたてる。今の政権と同じ手法だ。

半藤　軍が主導してナショナリズムを煽ったと戦後ではよく言いましたけれど、当時の実態としては、国民は喜んで軍の主導するナショナリズムを受け入れていたんです。

保阪　むしろ、国民が積極的にナショナリズムを支えたんですね。

半藤　戦後では案外、誤解されていますが、昭和一〇年代に入る前、ナショナリズムによって国民が良い状態だった時代はあったんです。

ただ、ハッキリ言っておかなければならないのは、少なくともこの時期のナショナリズムは、まだ、国家のために国民に犠牲になれというナショナリズムではない。

保阪　当時の民衆にとっては、心理的には国民的なアイデンティティーを最も持っていた時代だったかもしれませんね。

半藤　ただ、その頃から以降、国家ナショナリズムのために超国家主義者たちがそれを上手く利用するようになっていくんです。

■軍人の意志だけで無責任に続けた日中戦争

半藤　ともあれ、昭和一〇年代に入る頃、国民には漠然と「良い国家を作ろう」という意識があった。それを上手く利用したのが陸軍で、統制派と呼ばれた連中がだんだんと軍事国家を作っていった。

そして、昭和一二年（一九三七年）に問題の日中戦争が起こります。

もし、日中戦争がなければ、もう少し日本はましな国だったのではないかと思いますね。日中戦争が起こると、日本は戦時国家になり、ぎしぎしした国家ナショナリズムを鼓舞せざるを得なくなったんですよ。

この戦争から以降は、戦時下ということもあって、実に上手く国民のナショナリズムが利用されたと言うしかないのですけれど、国民の側には当初、軍事大国を作ろうなどという気持ちはなかったと思いますね。

保阪　満州国が出来て、やがて中国華北《かほく》へと関東軍は出て行きました。華北から満州への抗日運動もあったし、共産主義の浸透を恐れたということもあったでしょう。ただ、華北に関東軍が入れば、当然、中国の要衝へと進むことになりますよね。そのことを、どう思っていたんだろう。

僕には、この頃に指導していた軍の上層部の心理がよくわからないんですよ。中華民国なんて弱い国は、一発ぶん殴っておけば済むと思っていたんでしょうかね。

半藤 そうした気持ちは、凄くあったんじゃないですか。いわゆる「中国一撃論」です。

保阪 ただ、どういうつもりで昭和一二年の日中戦争をやったんでしょうか。天皇に対する軍人としての奉公のつもりだったのかな。国益としてやったのだとしたら、どういうことだったのか、その意味がよくわからない。

半藤 満州だけでやめておけばよかった、冗談話でよくそう言いますよね。満州国だけでやめておき、当時の中国に手を出さなければ、国際世論は非難したとしても、それほど日本に強くは当たらなかったはずだと。

保阪 満州国だけなら、国際世論は許容範囲内だとして、事実上、黙認したかもしれませんね。

半藤 そこで、また原則論になるんですが、「国防を考えたとき、日本という国は守りきれない形をしている」と軍人は言うんです。日本列島は細長いですからね、海岸線の長さだけを考えれば、アメリカよりも長くて、小さいくせに世界六位なんです。この長細い国を海岸線で守ろうとしたら、膨大な軍備、特に陸軍が必要になってしまう。そこで、日本の外側で守るしかない。当時はミサイルなんかないですから、朝鮮半島が日本の国土防衛のための生命線だった。そして朝鮮を併合すると、その朝鮮半島を守るために、今度はより外の満州に出ざるを得なくなる。

結局、「攻撃こそ最大の防御」というのが日本の軍部の意識で、明治、大正の人たちがやった軍事行動は防衛から出たものであり、侵略という意識はそれほど強くなかったんです。

ところが、満州国という傀儡《かいらい》国家を作ってみたら、今度はこれが危なくてしょうがなくなる。すると今度は、その満州を守らなければ、ということになった。だから、華北に手を出したのも、最初は「攻撃は最大の防御」というつもりだったんでしょう。

ただ、それがずるずると続いたのにも侵略意識がなかったかというと、これは違ってくる。「一発ガンとやれば中国はへこむんだから、出てしまえ」と思っていたのは、やはり、侵略してやろうという意識があったと思います。

保阪　華北だけでなく、華中《かちゅう》、華南《かなん》と進んでしまうわけですものね。あれはどう見たって、理にかなわない。誘われたというと変だけれど、中国側に呼びこまれたようにも見えるし、なんの戦略もなく入ってしまったとも見える。中国の政治指導者から見れば、日本の軍人の戦略観は赤子のごとくです。

半藤　国際的には、満州事変以降の日本は大きな侵略計画を持っていて、共同謀議で中国を侵略したに違いないと、思われてしまうんです。そう見えたのです。だから、東京裁判（注㉖）では、日本側の侵略計画を裁いてやろうと考えたんですが、調べてみたら、恐るべき侵略計画という青写真なんか、どこにもなかった。

実体は、ただの行き当たりばったりだったんです。

基本には、軍人のなかに「攻撃は最大の防御」という意識があり、中国一撃論という無根拠な理論が彼らの後押しをしていた。

だから、日中戦争については、国民なんか関係なかったんです。国民は中国についてそんなふうに思っていませんでしたからね。軍人たちが勝手に考えていた戦略理論です。本当に無謀で無責任な戦争だったんですよ。

■「在郷軍人会」が一般青年の国家ナショナリズムを教育

保阪　日中戦争でいちばんわからないのは、政策決定者や軍事主導者たちが、なぜ、あんな戦争をやったのかということに尽きます。

半藤　なぜ、あんなに領土を欲しがったのか、ということですね。

保阪　物《もの》の怪《け》に取り憑《つ》かれたように、何の意味もなく領土を求めるなんて不可解です。中国は一発ぶん殴れば済む、そんな先入観は見事に覆《くつがえ》される。叩いても叩いても、中国は戦争をやめようとしなかったのだから、自分たちの目論見が間違っていたのはすぐにわかったはずなのに、それでも際限なく大陸の奥深くへと進軍していってしまった。そして、兵士を五〇万人も六〇万人も、次々とつぎ込む。最初は徴兵検査で甲種《こうしゅ》合格の兵だけだったのが、次第に後備兵も送り込み、乙種《おっしゅ》合格の兵まで戦場へ入れていく。それでも足りないとなる。

また、当時の人たちも、国に言われるまま黙って戦線へ行きましたけれど、あれも不思議です。

日中戦争以前は徴兵検査で甲種合格になると、母親は「うちの子だけは戦争に行かないで済みますように」と、神社でお祈りしていたそうです。それが庶民の本音です。ところが、日中戦争後は、甲種は全員が徴兵されるようになった。神社で「戦争に行かないように」と祈るのは非国民ということになる。すると、神社では戦勝祈願をするようになったそうです。

この国民の意識の変わり方は凄いですよ。あっという間です。

半藤　日中戦争当初、国民は戦争をあれほど嫌がっていたくせに、新聞に煽られると、すぐ挙国一致に賛成してしまうというのは、どう考えてもわかりませんね。結局はジャーナリズムが悪いということでしょうか。

保阪　日中戦争の間に、国内に変な空気が出来ているんじゃないですか。国家総動員法（注㉗）も通るし、議会でも親軍派が「聖戦だ」と言い始める。国論は当時、分裂していたけれど、軍が力で押さえつけていました。

あの頃のナショナリズムは、国家主義的なものと、兵隊たちの庶民的なものとは、「戦争に行って、お国のために奉公するんだ」ということでは、ほとんど一元化しているように見えるんですね。

半藤　していたのではないですか。

保阪　形としてそうでなければ、日中戦争時にあれだけ国民の態度が変化した理由はわかりませんよね。

要するに、昭和一〇年代に入るまでに、「軍国主義教育がいかに徹底していたのかということでしょう。教育の成果は急には出ませんし、明治の頃から徐々にやっていた教育が、全て国家ナショナリズムの形で生きてしまったのだと思います。

戦争で死にたくないという心理が当然ある。しかし、自分が死ぬことよりも、国を守る、天皇に奉公するということを上位に置く教育をした。軍人のなかでは、明治以来、ずっとそうした教育を継続していたわけですよね。

ただ、職業軍人はそれでわかるとしても、一般の兵隊は一、二か月の訓練だけで戦地に送られていますが、ちょっとした教育だけで、そこまでになるものでしょうか。

半藤　国家ナショナリズム以外のことを、考えられなくさせられていたからじゃないですか。

在郷軍人会《ざいごう》（注㉘）というのがありましたよね。あの連中は徹底した国家主義の教育をされていました。その連中が、村の青年団などへ行って、国家ナショナリズムの教育を若者たちにしていたんです。組織的にとは言わないけれど、ある部分では、凄く徹底した軍国教育があったのだと思います。

■昭和一三年に文学が突然衰退する

半藤　面白いのは、昭和一二年（一九三七年）に日中戦争が始まった頃、日本文学には良い作品が続出しているんですよ。昭和一〇年（一九三五年）から一二年にかけて、川端康成の『雪国』、堀辰雄の『風立ちぬ』、永井荷風《かふう》の『濹東綺譚《ぼくとうきだん》』など、名作がたくさん出ているんです。

ということは、国民の雰囲気としては、日中戦争開戦当初、文芸復興的だったということです。まだそれほどカッカとしてはいなかった。

ところが昭和一三年（一九三八年）に、石川達三の『生きてゐる兵隊』が弾圧された。

南京《なんきん》事件の後の南京を取材して書かれたルポルタージュ小説でしたからね。これが摘発された。これ以降、目ぼしい小説がばたっと出なくなるんです。文学史的に見ると、「あっ、ここで変わった」とはっきりわかるくらいに明瞭なんです。昭和一二年の日中戦争と同時に空気が変わったのではなく、昭和一三年に変わったのだとわかるんですね。

保阪 それは、作家たちが書かなかったのではなく、書いても発表できなかったということもありますか。

半藤 弾圧されて、発表できなかったんでしょうね。昭和一四年（一九三九年）になると、小説作品の発表そのものがほとんどなくなります。作家たちは皆、戦地に引っ張られて、戦記文学やルポルタージュをやらされ、いわゆる文芸はなくなる。ということは、この頃に国家意思をナショナリズムで統一したということです。

保阪 つまり、国家の要求するナショナリズムに個人を従わせるということですね。まだ文学があったうちは、個人は国家に従ってはいなかった。だから書くことができた。

半藤 あえて言えば、昭和一三年の国家総動員法の成立から変わったんです。個人の国家への献身というものは最重要なんだ、国家目標達成のために個人は自分を捨てろ、なんて国家ナショナリズムだけになった。民衆のナショナリズムは昭和一三年から完全に消えていくんです。

昭和10年から昭和13年に発表された文学作品

昭和10年		
	『雪国』	川端康成
	『宮本武蔵』	吉川英治
	『真実一路』	山本有三
	『蒼氓』	石川達三
昭和11年		
	『風立ちぬ』	堀　辰雄
	『次郎物語』	下村湖人
	『良人の貞操』	吉屋信子
	『いのちの初夜』	北条民雄
	『晩年』	太宰　治
	『怪人二十面相』	江戸川乱歩
昭和12年		
	『濹東綺譚』	永井荷風
	『旅愁』	横光利一
	『生活の探求』	島木健作
	『路傍の石』	山本有三
	『愛染かつら』	川口松太郎
昭和13年		
	『生きてゐる兵隊』	石川達三
	『麦と兵隊』	火野葦平
	『子供の四季』	坪田譲治
	『天の夕顔』	中河与一

※新聞・雑誌の連載などが初出の場合はその発行年。

保阪　そして、昭和二〇年（一九四五年）八月の敗戦まで、消えている状態が続くわけですね。

半藤　そうです。昭和史を研究していると、昭和二〇年までの全ての昭和期が国家ナショナリズムだったと思われがちですが、そうではないんです。日中戦争が始まった翌年、つまり近衛《このえ》文麿《ふみまろ》（注㉙）内閣が「国民政府を対手《あいて》とせず」と言って国家総動員法を成立させた昭和一三年から、かなり意図的に国家ナショナリズム一色へと変えていったんですよ。そして一四年終わり頃から急傾斜します。

■国家総動員法と集団的自衛権、歴史が教える白紙委任の危険

半藤　この総動員法が昭和一〇年代におけるナショナリズムの歪みの典型なんです。法律としては極めて異常なんですが、最初の法案に、「×××」というよくわからない字があるんです。こんな法案なんておかしいのですが、それがまかり通った。「×××」のところには、後から役人が勝手になんでも入れられるようにしてあり、国民生活全てを縛ったんですね。

成立した条文では「×××」はなくなり、「勅令ノ定ムル所ニヨリ帝国臣民ヲ徴用シテ総動員業務ニ従事セシムルコトヲ得……」（第四条）となっていますがね。

保阪　国民は国に白紙の小切手を渡すようなものだ。つまり全権委任ですよ。
半藤　そう。国家に全権を渡してしまった。そうなると、逃げ道がない。
保阪　今聞いて、なるほどと気づいたことがあります。
確か昭和一三年か一四年頃から、当時の文部省などが礼儀に関する本を出しているんですよ。「年上の人に会ったらこうやって礼をしろ」とか、口の利《き》き方がどうだとかという内容で、国民の礼式に関する作法の本なんです。
なぜ、昭和一三年頃からこんな本が出るようになったのか不思議だったんですが、当時の国家権力が、国民の外形さえもナショナリズムの鋳型《いがた》に入れる目的で出版したんですね。
半藤　そういうことでしょう。
国家総動員法では、成立のときの国会の論議で、例の佐藤賢了《けんりょう》（注㉚）の「黙れ」事件がありました。あのとき、議員たちが「これでは全権委任だ。国家のすべきことではない」と法案を通すことに反発したのを、法案の説明のために来ていた一軍人である佐藤が「黙れ」と怒鳴りつけた。国民は国家の言うことを聞いていればいいんだ。国会議員など軍人に逆らうなという意識です。
今度の集団的自衛権の解釈改憲も、非常に高圧的な態度が似ていて、危ないですよ。
保阪　今の安倍政権にも、同じ危なさがありますね。

佐藤賢了や、武藤章（注㉛）、東條英機といった連中のナショナリズムは、国家ナショナリズムを代弁していました。自分たちのナショナリズムは正しい、このとおりやれば国益が伸びる、国権も伸びる、天皇の意思にも沿うと、思い込んでいる。そして一切の批判を許さない。

半藤　集団的自衛権の問題に絡めて書いたことがあるのですが、私は戦後、佐藤賢了に会っているんです。
「ああいう法律を通したことについて、反省なさっていませんか」と尋ねた。すると、「ばかもん。国防に任じている者には、戦争のできない国家なんて国家じゃないんだ」と怒鳴られました。終戦から一三年くらいたった頃です。
つまり、国防の任にあるもの、戦争を主導していた人たちには、反省なんてものはないんです。国益のためになるということが、全てを正当化してしまうんですよ。国民一人ひとりが全力を挙げて軍に協力し、戦争を遂行できる国家でなければ、国家ではないという考え方なんですね。

保阪　今の政権にも、同じ考え方が見え隠れしていますよ。
ただ、昭和一三年以降の時代よりも、今のほうがまだましなのは、我々がこうやって意見を言えるということです。そのうち、こんなことも言えなくなったら、いよいよ大変なことになりますね。

半藤　既に閣議決定してしまいましたが、今の集団的自衛権の問題は、昭和の国家総動員法と同じように見えるんですよ。

当時の軍は決して無鉄砲だったわけではなく、きちっと法律的な手順を踏んでいて、その裏側に国家ナショナリズムが必ずあった。

保阪　親軍派の議員がいて、ちゃんと軍と呼応しながら進めているわけですからね。

半藤　そうです。そして、法律ができた瞬間に、変質する。

本当は、国家ナショナリズムの体制がどうやってできていったのか、丁寧に見ないといけないんです。

保阪　国家が何か言ってきたら、一歩引いて考えろと言うことですね。

集団的自衛権を「限定的に」認めるなんて、実に怪しい。「限定的に」の中身を政府が決めるんだから、白紙委任と同じですよ。昭和の国家総動員法と同じ愚を、再び我々は犯してはならない。何のための昭和史研究だったかということになる。

半藤　昭和史の教訓としては、美しいとか、カッコいいとか、勇ましい言葉に惑わされて、国家に全権を白紙で任せるようなことをしてはいけないということなんです。

注①【日露戦争】明治三七年（一九〇四年）二月八日に始まった大日本帝国とロシア帝国の戦争。朝鮮半島と満州南部を主戦場とした。アメリカの仲介により明治三八年（一九〇五年）九月五日にポーツマス条約が締結され、講和が成立した。

注②【日清戦争】明治二七年（一八九四年）八月から翌年四月に行われた大日本帝国と清国の戦争。

注③【三国干渉】明治二八年（一八九五年）四月、ロシア、ドイツ、フランスは、日清戦争の下関条約に対して干渉し、遼東《りょうとう》半島の放棄を勧告した。日本政府は同年一一月に遼東半島を返還。これを屈辱とし、以後、「臥薪嘗胆」が日露戦争に向けてのスローガンとなった。

注④【社会主義協会】明治三一年（一八九八年）創立の社会主義研究会を前身として、明治三三年（一九〇〇年）一月に結成された。会長を安部磯雄とし、メンバーに河上清、片山潜《せん》、堺利彦、幸徳秋水、木下尚江、西川光二郎らがいた。幸徳秋水の平民社とともに、社会主義の紹介を行っていたが、明治三七年（一九〇四年）一一月に結社禁止となった。

注⑤【平民社】明治三六年（一九〇三年）に、幸徳秋水と堺利彦がつくった社会主義結社。『平民新聞』などを発行した。弾圧により明治四〇年（一九〇七年）に解散。

注⑥【中江兆民】弘化四年～明治三四年（1847～1901）。自由民権論者。フランス流の自由民権論を唱え、藩閥政府を批判した。『東洋自由新聞』を興し、ルソーの『民約論』を翻訳し、東洋のルソーと呼ばれる。

注⑦【軍人勅諭】正式名は「陸海軍軍人に賜《たま》はりたる勅諭」で、明治天皇が軍人に対して下した勅諭。発布されたのは明治一五年（一八八二年）で、前文では天皇の統帥権を説き、兵権が天皇に直属することを明示しており、日本の軍隊は天皇が統率するという性格を与えようとした。草案は西周《あまね》が起草し、福地源一郎が修正、山県有朋《ありとも》も加筆した。

注⑧【教育勅語】正式名は「教育に関する勅語」。明治二三年（一八九〇年）に発布された。天皇制国家の思想、教育の支柱となった。冒頭には水戸学的な国体観が掲げられているが、ほとんどは日本において一般的な徳目を列挙している。

注⑨【四〇年周期説】日本は四〇年周期で勃興と衰亡を繰り返しているとする半藤の説。詳しくは半藤一利・保阪正康著『そして、メディアは日本を戦争に導いた』(文春文庫)参照。

注⑩【井上毅】天保一四年〜明治二八年(1844〜1895)。政治家。伊藤博文、岩倉具視らに重く用いられ、大日本帝国憲法や教育勅語の起草にあたった。第二次伊藤内閣の文相として高等学校令の制定、教育の振興を図った。

注⑪【森有礼】弘化四年〜明治二二年(1847〜1889)。明治期の外交官で、近代教育制度の確立者。明治初期に外務省に入り、清国公使、イギリス公使などを歴任する。その後、伊藤博文の信を得て、文部大臣となり、教育制度の基礎を確立した。

注⑫【南北朝正閏問題】南北朝の正統性を巡る問題。大逆事件の翌年である明治四四年(一九一一年)の読売新聞記事が発端となり、南北朝を対等と扱っている国定教科書の記述を、南朝正統論から非難する論議が起こった。以後、教科書は改訂され、太平洋戦争の敗戦まで、「南北朝」に代わり「吉野時代」という名称を用いるようになった。

注⑬【**幸徳秋水**】明治四年〜明治四四年（1871〜1911）。社会主義思想家、本名は伝次郎。中江兆民の学僕だった頃、唯物論《ゆいぶつ》を学ぶ。アナーキズムに傾き、大逆事件《たいぎやく》により検挙され、絞首刑となった。

注⑭【**吉野作造**】明治一一年〜昭和八年（1878〜1933）。政治学者。東京帝国大学法学部教授を務める傍ら《かたわ》『中央公論』に次々と時事評論を発表した。民本主義と立憲政治の本道を論じ、普通選挙法の施行、貴族院や枢密院の縮小、軍閥《ぐんばつ》への批判などを訴え、大正デモクラシーの理論的指導者となった。

注⑮【**辛亥革命**】一九一一年（明治四四年）に勃発し、一九一二年（明治四五年）に清朝を倒して中華民国を建国した革命。孫文が率いる中国同盟会は、中国の人口の大部分を占める漢民族にとっては異民族である満州族の王朝が近代化を阻止し、外国の侵略を招いたとして、打倒を目指していた。一九一一年一〇月一〇日、その影響を受けた将校や兵士が武昌《ぶしょう》で蜂起し、革命は各地に波及、翌年一月一日、南京を首都として中華民国が成立、孫文を臨時大総統とした。革命軍は財政難により清朝の内閣総理大臣である袁世凱《えんせいがい》と妥協、袁世凱は宣統帝に退位を要求し、二月一二日に清朝は滅亡した。孫文に代わって袁世凱が臨時大総統となり北京を首都とした。共和国が成立したが、一九一三年（大正二年）に行われた総選挙で勝利した国民党の宋教仁《そうきょうじん》を袁世凱は暗殺する。孫文は「第二革命」を起こすが失敗、袁世凱は大総統に就任し専制体制を敷く。この後、孫文と後継者・蒋介石に率いられた国民党は、袁世凱の打倒を目指すことになる。

注⑯**【日英同盟】**明治三五年（一九〇二年）に締結され大正一二年（一九二三年）まで継続した、日本とイギリスの間の攻守同盟条約。大正三年（一九一四年）に、日本はこの同盟の第三条である共同戦闘の義務により、第一次世界大戦に参戦した。

注⑰**【石橋湛山】**明治一七年〜昭和四八年（1884〜1973）。大正、昭和に活躍したジャーナリスト、政治家。明治四四年（一九一一年）に東洋経済新報社に入り、主幹、社長となる。同社の伝統を継承し、民主政治体制の樹立、帝国主義外交の廃止、植民地の放棄などを主張し、一貫して小《しょう》日本主義を説いた。大正デモクラシーを代表する存在と評価されている。

昭和に入ると、浜口内閣の金解禁政策を批判し経済評論家としての名声を高めた。戦後、吉田内閣の蔵相を務めた後、昭和二九年（一九五四年）に鳩山一郎を助けて民主党結成に参画、鳩山内閣の通産相に。昭和三一年（一九五六年）に自由民主党第二代総裁選に勝利し、首相となるが、病のために二か月で辞任、潔《いさぎよ》さを世間から賞賛された。

注⑱**【二十一ヶ条の要求】** 第一次世界大戦中に日本が中華民国政府に行った外交交渉で提示した二一ヶ条から成る要求のこと。「対華二十一ヶ条の要求」、「対中二十一ヶ条の要求」などとも呼ばれる。大正四年（一九一五年）一月、日本政府の大隈重信内閣は袁世凱大総統に五号二一ヶ条の要求を行った。主な内容は、第一号で山東省にドイツが持っていた権益を日本が継承、第二号で南満州および東蒙古の権益を拡大、第三号で中国最大の製鉄会社の日中合弁化、第四号で中国の港湾や島嶼《とうしょ》を外国に譲与・貸与しないこと、第五号で中国政府の顧問として日本人を雇用すること、などだった。第五号条項は秘密とされていたが、中国側からリークされ、日本側は国際的な非難を浴び、この条項を撤回した。

袁世凱は要求を受け入れたが、日本の横暴を内外に訴え、中国国民の団結を呼びかけた。この要求を受け入れた五月九日は「国恥《こくち》記念日」と呼ばれている。

注⑲【シベリア出兵】大正六年（一九一七年）に成立したソビエト政権を打倒するための干渉戦争。大正七年（一九一八年）に日本は、アメリカ、イギリス、フランス、イタリア、カナダ、中国による共同行動に参加という形でシベリアに出兵した。建前はシベリアにいたチェコ軍捕虜の救出だったが、日本側は東シベリアへの勢力拡大や、中国本土への圧力強化を狙っていた。大正九年（一九二〇年）、イギリスとフランスは干渉中止を決め、アメリカもこれに倣《なら》ったが、日本のみは出兵を継続した。しかし、世界各国の非難や日本の財政難により大正一一年（一九二二年）に撤兵を決める。八年間で戦費一〇億円をかけ、死者三五〇〇人を出したが、各国からの不信を買っただけで、なんら得るところなく終わった。

注⑳【朝鮮人虐殺事件】関東大震災が発生した大正一二年（一九二三年）九月一日の夕方、朝鮮人の暴動、放火という流言《りゅうげん》が東京や横浜に起こり、政府は事実だと誤認して戒厳令を発した。軍隊や警察を動員、さらに在郷軍人会や青年団を中心に自警団を作らせて関東全域で朝鮮人狩りが行われ、数千人の朝鮮人、約二〇〇人の中国人および若干の日本人が殺され、東京だけで六〇〇〇人を超える朝鮮人が逮捕された。

注㉑**【ワシントン海軍軍縮条約】**大正一一年（一九二二年）二月六日に調印された海軍軍縮に関する条約。第一次大戦後、太平洋の覇権をめぐってイギリス、アメリカ、日本で建艦競争が始まりつつあり、各国の財政を圧迫していた。日本では大正一〇年（一九二一年）の国家歳出の三二％を海軍予算が占めるという異常な状況であった。これを打開するために大正一〇年（一九二一年）一一月より日米英仏伊の五か国の代表がワシントンに集まり会議が開催された。その結果、日本は主力艦の保有比を英米に対して六割に制限された。条約の有効期限は昭和一一年（一九三六年）末日までだったが、日本は昭和九年（一九三四年）一二月に条約の破棄を通告した。

注㉒**【満州事変】**昭和六年（一九三一年）九月一八日の柳条湖《りゅうじょうこ》事件を発端とした中国東北部および内蒙古への日本軍による武力侵略。日露戦争でロシアから権益を得ていた満州に、国民政府の国権回復運動が波及しており、日中間の紛争が多発していた。この「満蒙問題」を武力で解決しようと、関東軍の板垣征四郎大佐や石原莞爾《いしはらかんじ》中佐らが計画した。奉天《ほうてん》北東の柳条湖の満鉄線を爆破し、中国軍の仕業に見せかけた。関東軍司令官だった本庄繁は出撃を命じ、満鉄沿線を制圧した。これが柳条湖事件だが、それからわずか四か月半で関東軍は満州と満鉄沿線の主な都市を軍事占領下に置き、昭和七年（一九三二年）三月一日の満州国の建国へと向かう。

注㉓【五・一五事件】昭和七年（一九三二年）五月一五日に海軍の青年将校たちが当時の首相、犬養毅《いぬかいつよし》を殺害した事件。海軍青年将校のほか、陸軍士官候補生と農民が参加した。目的は戒厳令を敷かせ、軍閥政権を樹立して国家改造を行うことだった。

注㉔【天皇機関説】大日本帝国憲法下で憲法学者・美濃部《みのべ》達吉らにより確立された学説。統治権は国家にあり、天皇はその最高機関として内閣をはじめとする他の機関からの補弼《ほひつ》を得て統治権を行使すると説く。

注㉕【国体明徴運動】天皇機関説を、軍部や右翼が排撃した運動。昭和一〇年（一九三五年）の貴族院本会議で、美濃部達吉が学匪《がくひ》と非難された。昭和天皇自身は天皇機関説を当然としていたが、国会は「国体の本義に反する」とする声明を出した。

注㉖【東京裁判】正式には極東国際軍事裁判。昭和二一年（一九四六年）五月から昭和二三年（一九四八年）一一月に、東京で行われた。日本の戦争指導者らが連合国一一か国により起訴され、東條英機元首相ら七人が死刑、一六人が終身禁錮刑、二人が有期禁錮刑となった。

注㉗【国家総動員法】日本の総力戦体制の根幹となった法律。昭和一三年（一九三八年）に第一次近衛文麿内閣で成立し、同年五月五日に施行された。広範な権限を政府に与える法律だったが、具体的な内容は規定されておらず、政府が発動を決定すると、勅令と省令とを出して具体化するもので、全面的な委任立法だった。

注㉘【在郷軍人会】正式には帝国在郷軍人会。戦前に軍の現役を離れた予備役《えき》によって結成された全国組織で、右翼的な圧力団体だった。

注㉙【近衛文麿】明治二四年～昭和二〇年（1891～1945）。軍部に担がれて三度、首相となった。近衛家は公爵、五摂家《ごせっけ》筆頭の名門で、父は貴族院議長。昭和一二年（一九三七年）に第一次近衛内閣をつくったが、七月に盧溝橋《ろこうきょう》事件が起こると中国に対して高姿勢で対応、全面戦争へと拡大させた。日本軍が南京を占領すると「国民政府を対手《あいて》とせず」という声明を出し、戦争終結の道を閉ざした。

注㉚【**佐藤賢了**】明治二八年～昭和五〇年（1895～1975）。大正・昭和期の軍人。昭和一三年（一九三八年）三月三日、衆議院国家総動員法案委員会で、政府説明員として答弁中に政友会議員にやじられて「黙れ！」と大喝し問題となったが、処罰はされなかった。その後、軍務局長として東條英機首相を補佐した。戦後にA級戦犯として終身禁錮刑に処されるが昭和三一年（一九五六年）に仮出所し、同年から昭和四七年（一九七二年）まで東急管財の社長を務める。

注㉛【**武藤章**】明治二五年～昭和二三年（1892～1948）。陸軍軍人。昭和一二年（一九三七年）に参謀本部作戦課長となり、盧溝橋事件に際しては不拡大派の石原莞爾第一部長らを押し切って拡大論を唱える。昭和一四年（一九三九年）から昭和一七年（一九四二年）まで軍務局長に在職し日独伊三国同盟締結を推進する。終戦後、A級戦犯として絞首刑に処された。

第三章

中国と韓国の「反日感情」の歴史背景

■安重根はテロリストか英雄か

保阪　韓国と日本のナショナリズムを考えるとき、安重根《あんじゅうこん》（注①）について双方の評価の違いが象徴的ですね。

最近、中国に安重根の記念館が出来ました。安重根のことを韓国が中国と共同で称《たた》えようというわけですが、このとき、日本の官房長官が不快感を表明した。「安重根は犯罪者だ」と言ったんですね。

これを聞いたとき、ここに日韓のナショナリズムの衝突が典型的に表れていると痛切に感じました。

安重根は日本側にとっては、伊藤博文を暗殺したテロリストです。しかし、韓国側にとっては、日本の植民地支配に対する独立運動の闘士であり、英雄なんですね。

この評価の大きな相違は、ナショナリズムの感覚から言えば、永久に相容れないものをぶつけていることに原因があります。もし、両国が安重根について論じるとすれば、お互いのナショナリズムの妥協点をつくらなければなりません。それが健全な外交関係だと思いますが、今はとてもそんなことをできる状況ではない。

半藤　そうですね。日韓の問題は難しい。

例えば、韓国問題を論ずるとき、韓国を嫌いな日本の人は、韓国併合（注②）について、すぐにこう言います。

「韓国を日本に併合するとき世界は承認した。しかも、韓国のほうから頼んできたんだ」

確かに、併合の外形だけを見れば、明治四三年（一九一〇年）に併合が決まるまで、何回かに分けて協定を結んでいて、日本が力ずくで侵略したということではない。韓国が合意していたように解釈できるようにも見える。また、韓国のほうが協定を少しずつ受け入れていて、最終的には韓国のほうから申し出たという姿に見えます。

しかし、問題はそこにあるのではない。日本による三六年の支配の期間、韓国の人たちがどういう思いでいたかを想像しなくては、問題の解決のために、話し合いができないんですよ。

日本の植民地支配により、韓国の人のナショナリズムはいかに押さえつけられ、屈辱感を持ち続けて来たのか、どれほどの怨念をもちつづけたか。もっと丁寧に見なければ、この問題は永遠に解決しません。

保阪　日本の筋道を考えない歴史修正主義の人たちは、論理が極めて主観的で、自己中心的なんです。韓国の問題に関して、自分たちに都合の良い状況だけを取り出してきて、一方的に強調するんです。

韓国併合についてもそうで、スタートに関しては先方から申し出た形だったという事実はありますが、それだけを強調するんです。

しかし、植民地支配の三六年間で、日本が彼らに何をしたのかを考えないし、ろくに知ろうともしない。

韓国併合の時代、日本がやったことは、二〇世紀で最も性質《たち》の悪いことの一つですよ。

僕は韓国びいきでもなんでもないが、歴史事実としてこの点は認めなければならない。

帝国主義時代の日本のしたことはあまりにも酷《ひど》く、韓国の人が忘れられないのは当然です。

日本帝国主義三六年間の支配で何をやったのか。これこそが問題なんです。

戦後の日本は日韓条約のときに「反省している」と言ったけれど、一回や二回謝っても済まないというのが韓国側です。すると、「何度、謝らせるんだ」と日本側がムキになる。

政治的にナショナリズムを煽《あお》っているから、こうした不毛な繰り返しになるんですよ。

■韓国併合までの道のり

半藤　ここで、韓国併合までの歴史を簡単に整理しておきましょうか。

まず、明治三七年（一九〇四年）に第一次日韓協約が結ばれ、明治三八年（一九〇五年）に第二次日韓協約が締結。そして、第三次日韓協約を経て、明治四三年（一九一〇年）に併合という形になる。実はこの第一次の協約で日本側は「韓国の独立を保証」したんです。にもかかわらず、それを裏切るように併合への道を突き進んだ。この恨みにはほんとうに根深いものがあったと思います。

私は『日露戦争史』を書いているときに、韓国併合についても触れなければならないので、日本側の文献を調べました。すると、早めに併合をしようという記録が幾つも見つかりました。例えば、かなり早い段階で、徳富蘇峰《とくとみそほう》が手紙で、「韓国併合は着々と進んでいる」と書いています。

そうした文献を見ていると、どう考えても、日本は韓国を併合するための道を早くから意図して進んでいたのは間違いないようですね。

また、明治四三年（一九一〇年）の時点では、アメリカ、イギリス、ロシアの、こういう言い方が出てきます。

「インドやフィリピンなどに脅威を与えないならば、日本の韓国に対する指導、保護、監督の権利を認める」

つまり、列強は自分たちの帝国主義政策に差し障りがない限り、韓国併合を認めるということです。

保阪 つまり、列強の領域に入らない限り、自分たちの権益を侵さない限りはいいということですね。

半藤 ということは、当時の列強は、別に、日本の韓国併合を奨励したわけでもなんでもないんですよ。ただ、それ以上余計なことをしなければよろしい、とそう言っただけなんです。

つまり、「韓国併合を世界が承認した」という主張にも、「韓国が併合を求めた」という主張にも、かなりの無理がある。

こう言うと、すぐに、「おまえは韓国びいきだろう」と攻撃されるんでしょうが、そうではなくて、歴史的な事実なんです。

■韓国併合は、日本にとっては侵略というよりも国防だった

半藤 ただ、日本が韓国を併合したのは、何度も言いますが、一つには国防のためだ

ったんです。前章でも言いましたが、日本は島国で海岸線が長すぎる、だから国の外で守るより仕方がないんです。当時は現代のようなミサイルはありませんから、外で守るとすれば、陸続きで来る敵を警戒しなければならない。すると、ルートは朝鮮半島になるんですね。

だから、日本側の防衛の都合からすれば、どうしても朝鮮半島を防衛の最前線にしなければならなくなるんです。

つまり、当時の日本の権力者にしてみれば、韓国併合はやむにやまれない国防上の要求だったんですよ。

侵略ではなく防衛だったと言っても、なかなか韓国の人にはわかってもらえない。わかったとしても、「なんだ、じゃあ、俺たちを防波堤にしようとしたのか」と怒るだけです。

保阪　しかし、基本的な事実としてはそうなんですよね。

半藤　現実にはそうなんです。日本は、地政学的に見て、国を防衛するのが非常に難しい形をしています。現代の人たちは誤解していますが、韓国併合の主たる動機は侵略ではなく国防だった、しかも当時としては、ほかに選択肢のない国防策だったんです。

もちろん、韓国の人たちにとっては、たとえ防衛でも、日本の身勝手だったことにかわりはないんですがね。

■近代日本には自国防衛ばかりが頭にあった

保阪　韓国併合は日清戦争の頃から準備されていましたよね。

半藤　日清戦争の前から既に始まっているんです。明治が始まったばかりの頃、西郷隆盛が征韓論を唱えていましたし、日本の国防を考える人は最初から自国の外で守ろうと思っていたんですね。

保阪　かなり強引なやり方もしていました。閔妃《びんひ》（注③）暗殺や三浦梧楼《ごろう》（注④）のやったことなんて酷いものです。当時の韓国の李王朝も腐敗していて、中国派、ロシア派、自立派など色々に分裂していてまとまっていなかったから、日本はその隙を突こうとしていた。

日清戦争というのは、日本と中国が韓国の権益を争うという形でした。日本は清国に勝ったわけですから、その先には、韓国の併合へとつながっていくという流れがありますね。

半藤　そうした流れがあることはあるんです。併合というところまで一遍には行きませんが、なんとか韓国を日本防衛の最前線にしたい、一緒になって防衛線を固めたい、後に言われたように「生命線を置きたい」という考え方があるわけですね。

近代国家が始まって以来、日本の国防策は「攻めるは守る」ということなんです。常に、攻勢防御という考え方が根本にあるんですよ。

つまり、領土を侵略して経済的な利を求めているように見える戦争でも、日本側の指導者の頭には、いつも、攻めることで自国を防衛しようという考えがあったんです。

保阪　日本の地図を見ると細長い島で、太平洋と日本海から挟まれて攻撃されたらそれで終わりですから、日本海側を自分たちの防衛線にしようとする。

日本海の向こうに朝鮮半島、ハバロフスクがありますね。日本の大陸に近い側を守るためには、日本海の向こうを全て固めておかなければいけないわけです。だから、日本の国策は、そこを全部自分の領地にするか、あるいは同盟で保障を得ておいて、寝首をかかれないようにしようとしていた。

韓国の併合もそうだし、ロシアに対する戦争も同じ目的だったということですね。

半藤　そうです。だから、日露戦争の日本海海戦で海軍が大勝利をおさめ、アメリカの仲介により講和が結ばれるかもしれない状況になった明治三八年（一九〇五年）の夏、日本の軍部はウラジオストクに出ていき、かつ樺太《からふと》（サハリン）を取りたいと考えていた。つまり、日本海の向こうにぐるっと防御線を築きたいと思っていたんです。

でも、いくら軍部が大風呂敷を広げたところで、現実的には、とてもウラジオストクまで進出する軍事力はありません。そこで、樺太だけは取ろうと決めたんですね。

日本海の向こうに防御線を引きたいというのは、もの凄く強い望みだったんです。

保阪　それは当時の軍事や政治の指導者にとっては、国策におけるイロハのイだったんでしょうね。

半藤　そうだと思いますよ。彼らの意識では、必要最低限の防御線だったんです。

■庶民ナショナリズムとは無関係に進んだ韓国併合

半藤　国防という観点で見ると、そのように韓国の併合は侵略主義などではなく、日本にとっては自国防衛という国家的な要請だったんですね。韓国の人にとっては、「何を言っているんだ」ということになるでしょうが、事実としてはそうだったと思います。日本が防衛策を考えるとき、当時の李王朝は各派が分裂して、国論がなかなかまとまらない。日本にしてみれば、韓国の政治はだらしなくて、そんな国と同盟を結ぶのでは防衛策として心もとないと見えたのでしょうね。

保阪　日本側も、韓国に出かけていってだらしなくするように挑発していましたから、向こうのせいばかりでもありませんけれどね。

ただ、僕は日韓のナショナリズムの問題でも、政治や軍事の主導者たちの上部構造と、一般庶民の下部構造に分けて考えたいんです。

当時の日本で上部構造のナショナリズムが、国益の守護という観点から韓国併合という防衛策を進めさせたとしても、一般の日本国民には国防意識なんかなく、日本海の向こうに防御線を引くなんて考えは知らないわけですよね。

半藤　民衆は、韓国が日本の防衛線だなんて、誰も知らないですね。いくら「生命線」とか上から言われてもピンとこなかった。

日韓併合に関する条約の第一条にこうあります。

「韓国皇帝陛下は韓国全部に関する一切の統治権を、完全かつ永久に、日本国皇帝陛下に譲与す」

実に酷い条約です。

でも、日本国民はこの併合が防衛策だなんて知りませんから、誤解して、単純にこう思ってしまった。「おい、完全かつ永久なんだ。韓国は俺たちのものになったんだ」

一方、当然のことながら韓国の人はこの条文に怒ります。

「何を言っているんだ！　俺たちを侮辱するのか」となる。どう考えたって、韓国のナショナリズムを刺激しますよ。

「一切の統治権を完全かつ永久に譲与す」という条約は、韓国の心ある人にとっては許し難いはずです。自国の統治権がなくなってしまうんですからね。

保阪　併合当初から、日韓双方の感情にはすれ違いがあったんです。

例えば、李王朝の後継者となる李垠《りぎん》（注⑤）という人がまだ八つか九つの頃に、伊藤博文が日本へ連れて来ました。皇太子は日本で教育され軍人になり、後に皇族の梨本宮《なしもとのみや》方子《まさこ》（注⑥）と結婚しています。

伊藤博文が幼かったこの人を連れてきたとき、自分の孫のように大切にし、日本を連れて歩いてあちこちを案内したりして、慈父のように接しています。大正天皇や貞明《ていめい》皇后も大変に可愛がって、寂しいだろうから遊びにおいでと言っている。大正天皇などは皇太子のために韓国語を覚えて話をするほどでした。

伊藤にせよ大正天皇にせよ、もちろん上部構造の人間で、国家ナショナリズム的な思惑はあったはずです。けれど、同時に、異国に連れて来られた幼い皇子の心情を思って可愛がるというのは、日本の下部構造のナショナリズムの情念が表れていると見ることもできます。

韓国の皇太子を日本に連れて来るというのは、一種の人質です。伊藤が皇太子を船に乗せるとき、李王朝の侍女たちの涙で洪水になったと、少し大げさな韓国風の記述が向こうの資料に残っています。日本の国家ナショナリズムにより、韓国のナショナリズムは屈辱を与えられたと感じたでしょう。

けれど、日本の上部構造の人間の行動や態度を個別に見ると、妙な感じがする。一種、庶民ナショナリズム的な面も発揮されていた気がするんですね。

半藤　日本のほうでは慈愛の心も示したつもりでしょうが、韓国から見れば、まったく酷い国だ、好き放題にされたと思ったでしょう。

保阪　日本の国防の都合という国家ナショナリズムにより、酷い仕打ちをした後では、何をしても理解されないですよね。残念ながら、日本の庶民的なナショナリズムは、もう先方に伝わるわけもなかったんです。

■韓国人の心情を錯覚している歴史修正主義者

保阪　併合後、日本は、朝鮮の人を別扱いにしています。軍人にしてもそうで、徴兵《ちょうへい》の対象にしなかった。それなのに、太平洋戦争で兵隊が足りなくなると、急に徴兵したんです。まるで、恩恵を与えるようなつもりでね。完全に上から見ている、と言ってい い態度です。

半藤　日中戦争の頃は、もちろん韓国の兵は使っていませんし、太平洋戦争でも初期は志願兵制しかありません。後になって、「皇民《こうみん》にしてやる代わりに、徴兵義務を負え」と言うんです。

保阪　変な話だけれど、当時のことをよく調べると、韓国の人のなかには徴兵されたのを喜んだ人もいたらしい。戦場でもよく戦ったそうです。

特攻隊に行った人もいるし、玉砕《ぎょくさい》した人もいる。問題はここなんです。
半藤　本当に、日本軍の一員になって戦ったんですよね。
保阪　台湾の高砂族《たかさご》にもそういう人がいました。この事実を取り上げて、戦前の国家ナショナリズムを擁護する現代の歴史修正主義者たちは、基本的な錯覚をするんですよ。「韓国人も日本人になれて嬉しかったんだ」なんてね。
半藤　でも、日本人が思っているほど、韓国人は嬉しくなんかなかったですよ。怨《うら》みをのんでいただけです。
保阪　嬉しくありませんよ。差別が少し解消されたと思って喜んだだけです。そこのところを錯覚しているんですよ。そういう傲慢な錯覚した発言を、政治家でも堂々としている。これじゃ、日韓関係がおかしくなるのも当然です。

■日本の植民地統治は時代錯誤だった

保阪　歴史修正主義者が韓国併合について正当化するとき、「日本が併合しなかったら、ロシアの植民地になっていた」と、よく言います。あたかも、日本の併合は韓国を助けたんだと言わんばかりにね。これもとんでもない錯誤でしょうね。

半藤　そんな仮定を持ち出すんなら、韓国がもしロシアの支配下に入っていれば、日本だってどうなったかわかりませんよ。

司馬遼太郎さんが書いています。

「もし日露戦争で日本が帝政ロシアに勝たなかったら、多分、壱岐《いき》も対馬《つしま》も帝政ロシア領になっていただろう。そうすれば九州も危ない。だから、日露戦争では日本が全力を挙げて戦ったんだ」とね。

別に司馬さんの意見だから信じるわけではないが、確かにそういう面はあります。けれど、日本が韓国を併合しなかったら、どうせロシアのものになっていたなんて、単純にそういう話をすべきではないんですよ。

仮定の話をするとわかりやすくなる場合もあるけれど、かえって混乱するときもありますから、安易にやるべきではないんです。

保阪　併合時代の植民地支配がいかに酷かったかは、朝鮮総督府（注⑦）のことを調べればわかります。教育、文化、軍事、政治、全てを日本の支配下に置いたんですからね。

創氏改名《そうし》（注⑧）がいちばん酷いですけれど、ほかにも日本語教育をやったりして、彼らの文化や伝統をつぶしていき、全てを日本化しようとしたんです。

しかも、日本化を上からの目線で、「おまえらのためにしてやるんだ」という傲慢な態度で行った。「一等国の国民に入れてやったんだ、感謝しろ」と言わんばかりにね。相手の屈辱も思わずに、完全に錯誤しているんです。

半藤　もう一つ、嫌韓《けんかん》派がよく言うのは、「インドだってイギリスの植民地だったけれど、インド人は文句を言っていないじゃないか。なのに、なぜ韓国は日本に文句を言うんだ」ということです。

これもおかしな話ですよ。だって、イギリスは上手くインドを統治していたんですから。

保阪　イギリスなど先進帝国主義の植民地支配は一〇〇年以上に及びますが、日本は三六年です。わずかな時間で、イギリスと同じことをできたわけがない。

確かに、イギリスのインド統治にせよ、オランダのインドネシア統治にせよ、植民地支配の初期にはかなり残酷で強引なことをしています。逆らえば文句なしに皆殺しにしていました。それからだんだんと、手の込んだやり方を使うようになった。

例えば、地元の優秀な人間を本国のケンブリッジやオックスフォードに送り込んで教育し、植民地支配の政府の官僚に取り立てるなど、色んな手口を使うわけです。

また、時代が進んで、植民地での人権や文化の尊重が叫ばれるようになれば、それに合わせながら、紆余曲折《うよきょくせつ》を経て植民地統治を時流に合わせて考えていったんです。

ところが、日本のやった植民地統治とは、韓国や満州のナショナリズムを力で押さえつけることでしかなかった。韓国で独立運動があると、日本は即座に首謀者を死刑にしたんです。つまり、日本の植民地支配は、ただ暴力で押さえつけるというやり方で、これは欧米のやったことと比較するのなら、植民地支配のあまりに未熟な段階だったということですね。

しかも、欧米の列強が植民地を暴力で押さえたのは一七、一八世紀でしたけれど、同じことを日本は、人権や文化の尊重が叫ばれ始めた二〇世紀にやったんですから、時代錯誤だったんです。これでは恨まれるのは当然ですよ。

半藤　残念ながら日本の植民地統治は、やり方が時代遅れだったし、下手くそだったと言うしかないんですよね。やっぱり、遅れてやって来た帝国主義というほかはない。

保阪　なのに、日本人はここでも錯誤を犯しているんです。

併合時代の韓国で警察官をしていた人物が自費出版した本を読んだことがあるんですが、驚きました。自分がいかに善意に接していて、韓国の人からどれほど感謝されていたか、そんなことが書いてある。

その人が警察官として上手くやっていたのではない。韓国の人は日本の警官だから恐れ、敬遠していただけです。大状況のなかで自分の立場を客観的に省みることをしないから、そんなことにも気づいていないんですよ。

問題なのは、こうしたことが、あまりにも日本には多すぎることなんです。

もっと真摯《しんし》に、当時のことを自省する必要があると思いますね。

■辛亥革命の背後で交錯した上下の日本的ナショナリズム

保阪　対中国の問題で、日本のナショナリズムを歴史的に見るなら、辛亥《しんがい》革命と絡ませて話すほうがわかりやすいと思います。

辛亥革命は「滅清興漢（清を滅ぼして漢を再興する）」のスローガンどおり清国を倒す革命ですが、一八九五年（明治二八年）から一一回も革命に向けた行動が起こされています。一九一一年（明治四四年）に、孫文《そんぶん》の支持派が三民《さんみん》主義を掲げ、五権憲法（注⑨）により革命を成功させました。

このとき、日本人が相当に協力しているんです。

ただ、立場は様々でした。中国を混乱させようとする国策として協力した本庄繁（注⑩）のような軍人もいましたし、自分の財産や命まで擲《なげう》って孫文に協力を続けた宮崎滔《とう》天《てん》（注⑪）や山田良政（注⑫）、梅屋《うめや》庄吉（注⑬）のような民間人もいました。

本庄は清国の駐在武官で、中国の国力を弱めて日本の国益を守護するという国家ナショナリズムから革命を支援した。

ところが、宮崎滔天などは、孫文という人物の情熱に打たれて、純粋に協力しようとしたんですね。つまり、日本人の庶民ナショナリズムの発露だと言えます。

辛亥革命の成功の背景には、まったく違った思惑で協力していた複数の日本人が存在し、日本人の国家ナショナリズムと庶民ナショナリズムの違いが顕著に現れていたんです。


半藤　辛亥革命の成功前について少し補足すると、孫文は日露戦争前に日本を訪れて、いったん帰国しています。

そして、日露戦争の真っ最中である明治三八年（一九〇五年）七月にもう一度来日しており、東京で中国留学生が集まって歓迎会を開いた。そのとき、孫文はこう言っています。

「まこと隔世《かくせい》の感あり。以前の馬車は路面電車になっている。日本の発展は素晴らしい」

こう褒め称え、日露戦争に日本が勝ちそうな状況を歓迎しているんです。

そして、その年の八月に宮崎滔天の仲介で、中国からの亡命者と留学生が一つになって、孫文を総理会長とする中国革命同盟会が東京で結成されるんですね。

当時の中国人留学生は八〇〇〇人にもなっていて、皆が日本のことをもの凄く勉強し、自分のものにしていったんです。

当時のメンバーには、孫文をはじめとして、章炳麟《しょうへいりん》や、中国の西郷隆盛と呼ばれる黄《こう》興《こう》、陳天華《ちんてんか》、秋瑾《しゅうきん》女史、汪兆銘《おうちょうめい》という錚々《そうそう》たる人物がいました。

ですから、辛亥革命の始まりは東京にあると言っても過言ではない。

保阪　そのとおりです。中国革命同盟会の役割は大きかった。あの周恩来《しゅうおんらい》（注⑭）も一時期、日本に来ていましたしね。

半藤　当時は、日本を手本にして革命を起こそうとしていたし、日本人もこれを応援していたんです。ところが、あっという間に、こうした協力関係は下火になってしまった。日露戦争が終わった直後の一一月に日本政府が、中国の留学生を取り締まる法令を出したからなんです。

なぜ、それまでの協力から一転して取り締まるようになってしまったのか。その理由は非常に変な話なんですが……。

保阪　清国政府からの要請があったからですね。

半藤　そうなんです。日露戦後に日本は清国と色んな条約を結ぶんですが、そのときに、清国から要請されて留学生を取り締まったんです。ちなみに、ベトナム（当時は仏領インドシナ）からもたくさんの留学生が来ていましたが、同じように、日仏条約を結ぶために日本政府は、フランスからの要請で彼らを追い出してしまいました。

こうして、せっかく中国で革命を起こそうとしていた人たちを支援していたのに、政府の都合で、手のひらを返すようにして追い出してしまったんですね。

すぐ後、辛亥革命は、先程名を挙げた人々によって成功するんですが、もはやこのときには、彼らから日本に対する感謝の言葉など、何も出てはこなかったんです。

■中国人への蔑視は日清戦争から始まった

保阪　辛亥革命が最終的に成功したことは、孫文の言う「滅清興漢」の成功でもありました。つまり、清を滅ぼして漢を興すという意味で、典型的な民族主義的なナショナリズムの革命でした。

半藤　でも、もし日本が国として孫文への協力を継続して、影響力を保持したまま革命が成功していたならば、日本国の思惑も入って、どうなっていたかわかりませんよ。

保阪　ある意味で言えば、日本という国は、孫文のナショナリズム革命に上手く利用されたのかもしれませんね。

半藤　歴史について文を書くときに調べていてわかるのは、日本から中国への蔑視《べっし》が始まるのは、日清戦争直後だということです。

「日清談判破裂して　品川乗り出す吾妻艦《あづまかん》　……西郷死するも　彼がため……」なんて歌まであった。つまり、清国がダメだから西郷が死んだ、大久保も死んだと歌ったんですね。子供まで中国人を差別語で呼ぶようになった。

保阪　昭和五〇年（一九七五年）頃、当時一〇六歳で、日清戦争に従軍経験のある老人に話を聞いたことがあるんです。日清戦争の後、東京には辮髪《べんぱつ》（注⑮）をした清国からの留学生がたくさん訪れていましたが、その後ろを子供たちが差別語で囃《はや》し立てて歩いていたそうですよ。大人の感覚が子供に素直に伝わっています。

半藤　戦争をするためもあったんでしょうが、日清戦争の頃にそういう空気が出来た。ただ、日本人の根底にそうした蔑視感がありつつも、日露戦争直後までは、日本は八〇〇〇人もの中国からの留学生や亡命者を受け入れて、大事にしていたんです。そういうことを思うと、必ずしも、日中関係というのは、昔からいつもナショナリズムを衝突させていたわけではないんですけれどね。

保阪　日清戦争に従軍していた人によると、戦場では清国軍からしばしばドッジボールくらいの大砲の弾《たま》が飛んできたそうです。爆発すれば何人も死ぬと思って逃げる。ところが、その弾は地面に落ちるとコロコロと転がるだけだった。何発飛んで来ても、どれもただ転がるだけ。なんだ、全部不発だとわかり、日本兵は勇み立つ。それで襲いかかって白兵戦になると、清国の兵は皆、逃げていったそうです。

後からわかったのは、清国は、爆弾と称して、ヨーロッパの武器商人から砂の入った弾を売りつけられていたらしい。そんな具合に、清国はイギリスやドイツ、ロシアなどの列強の帝国主義により、いいように利用されていたんですね。

半藤　列強が清国に入り込んで利権争いをしていました。清国から彼らは徹底的にむしり取ったんですよ。

保阪　中国人は列強に対して租界を認めざるを得なかった。その入り口には、「犬と中国人は入るべからず」と立札が立ててある。それほど、バカにされていたんです。その屈辱は歴史のなかに残っているということでしょう。

■「二十一ヶ条の要求」が中国の反日感情の起源

半藤　そうした状況から立ち上がろうと辛亥革命が起き、中華民国という形で国家統一に乗り出したんです。

ただ、それはすぐにできたわけではありません。中国にはあちこちに軍閥《ぐんばつ》（注⑯）が幅を利かせていて、統一のためにはこれと戦わなければなりませんでした。

ところが、この中国統一の動きが、当時の日本にとっては脅威だったんです。

他方、ロシアでは社会主義革命が起こり、ソ連邦という別な国家が成立し、五ヶ年計画でどんどんと国威を増していました。

こうして大正の頃、日本を取り巻く国際情勢ががらりと変わってくるんですね。日本は、日露戦争の勝利によって帝政ロシアから譲り受けた満州の権益を、新しく力を持ってきた二つの国家、中華民国とソ連から守らなければならなくなったんですよ。先ほども言ったように、満州は国防の最前線であり生命線でしたが、軍事だけでなく経済の面でも生命線でした。

満州には日本からの資本が投じられます。満鉄《まんてつ》（注⑰）が作られますし、石炭、錫《すず》、銀などの資源が開発されていくんです。日本の資本家から見れば、満州は資本主義を発展させるための大事な跳躍台だったんですね。

ところが、大正から昭和にかけて、満州を囲む地域には、次々と新しい脅威の芽が育ち始めていた。それが新生中華民国とソ連ということなんです。

保阪　しかも満州は、中国の中心から外れたところで、軍閥という馬賊の親玉のような勢力が支配している土地でしたしね。可能性は大きいけれど、政治的にはほとんど秩序がなかった場所です。そこへ日本が国益の守護、国権の伸長を狙って入っていったわけですから、問題がたくさんあった。

半藤　日本は張作霖《ちょうさくりん》などの大軍閥をおだてながら上手く使い、なんとかやっていたんですね。ところが、張作霖は日本を後ろ盾にしているからと、気が大きくなって、北京のほうまで手を伸ばしていった。

それで、蔣介石の国民党軍と戦うなんて馬鹿なことをやってしまったんです。国民党軍と戦えば、中華民国を満州に引き入れてしまいますから、日本の軍部は苦り切ってしまう。そこで軍部が物騒なことを考えた。

保阪　張作霖の軍事顧問に日本の軍人も入っていましたね。その張作霖を殺したわけです。昭和三年（一九二八年）です。

半藤　けれど、ナショナリズムの問題を考えるのならば、張作霖事件よりも注目しなければならないのは、大正四年（一九一五年）の「二十一ヶ条の要求」の方です。言葉が悪いけれど、これは第一次大戦のどさくさに紛れて突きつけたようなものです。それほどに、酷い内容でした。

保阪　これは、韓国に対する傍若無人な政策と共通するものがありますよね。実に酷い内容です。中国側がその内容を世界に公表しようとしたとき、日本は必死に押さえようとしている。日本側だって、あまりにも酷い内容だと自覚していたんでしょう。

半藤　自分たちだってわかっていたんだと思いますね。わかっているから、第一次大戦で欧米諸国の眼が中国から離れた隙に、どさくさ紛れでやったんでしょう。

保阪　「二十一ヶ条の要求」の酷い内容に、中国のナショナリズムがかきたてられた。日本でも心ある人は、皆がこれに怒ったわけです。中江兆民《ちょうみん》の息子である中江丑吉《うしきち》（注⑱）も北京に在住していましたが怒っていますし、北一輝《いっき》（注⑲）もまた怒った。

半藤　まともな人が読めば、皆怒りますよ。

日本の権益を九九年延長しろ、中国政府の中に日本の役人を入れろと、これはいくらなんでもあんまりですよ。

保阪 中国をなんだと思っているんだ、と中国人の民族感情を刺激したわけですね。

半藤 あの要求が出るまでは、軍閥の対立などもあり、中国のなかはごちゃごちゃしていて、一致した国論にまとまっていませんでした。列強に対する感情についても、反英、反独、反仏、反米とならんで、反日があった。

つまり、列強に対する中国のナショナリズムは、方々を向いていたんです。

ところが、「二十一ヶ条の要求」が出てからは、ばらばらだった感情が一致し、全中国のナショナリズムが、反日だけに絞られるようになります。中国はこの要求を呑《の》んだ五月九日を国恥《こくち》記念日として、一挙に頑強な反日排日の運動を展開する。それが、現代の反日感情まで続いているんです。

保阪 それまでは、列強の全てに反感があったけれど、日本の傲慢な要求が出されてからは、他の列強はさておき、とにかく日本だけは許せないとなったんですね。

国民党などは以前の反米感情を捨てて、アメリカに援助さえ求めるようになり、第一次大戦後に成立した国際連盟にも訴えていく。

とにかく、徹底した反日になる。

例えば、一九三七年（昭和一二年）に蔣介石が、「満州事変の後、おまえたち日本はどこまで中国をバカにするのか」という有名な演説をしています。「最後の関頭《かんとう》」演説と言われているのですが……。蔣介石には、国民を鼓舞する意図もあったんでしょうが、やはり「二十一ヶ条の要求」への怒りがあることは間違いないですね。

日本の歴史修正主義者が、「中国が、阿片《あへん》戦争のことでイギリスを歴史問題で攻撃しないのに、日本のことばかり言うのは、日本が弱腰だからだ」などと言うけれど、違いますよ。「二十一ヶ条の要求」という、中国のナショナリズムを決定的に刺激するようなことを、日本がやったからなんです。

半藤　以前の中国には反英だってあったのに、大正四年（一九一五年）に「二十一ヶ条の要求」が出されてから、中国のナショナリストの反感は全部、日本へと向いた。これは事実です。

あれから、中国は反日的になったんです。

■中国人留学生は日本を去り欧米へ

半藤　大正四年（一九一五年）の「二十一ヶ条の要求」以降、情けないくらいに日本と中国の関係は悪化の一途を辿ります。たしかに、いまになって丁寧に読めば、これほど屈辱感のみを相手に与える要求は、歴史的にも珍しいくらいです。

一例として五月一一日の朝日新聞を見ると、「帰国する支那《しな》留学生、四〇〇人に達す。

関係学校は休校状態」とある。日本にいた中国留学生は、もう許せないと、どんどん去っていったんですね。

また、一九一九年（大正八年）の五月四日には、五四《ごし》運動（注⑳）という大反日デモが中国でありました。日本でも、同じ年の五月七日に中国人のデモがあって、官憲と衝突しています。これ以降、大きな反日事件だけでもリストが作れるほどです（一八三頁参照）。

さて、こうして日本から去った留学生たちですが、皆、欧米へ行きました。周恩来などはフランスですし、中国人で改革を志していた人は、勉強先として日本を見限り、欧米諸国へと移ってしまったんです。

保阪　当時の欧米にはマルキシズムがありましたし、各種の社会思想があった。国を改革する戦いには思想が必要ですからね。

最初、彼らは日本に注目した。日本には明治維新を成功させる思想的基盤があったのではないかと思ったからです。ところが、来日して調べてみても思想などはない。多分、彼らは、明治維新が思想によるのではなく、政策の選択肢に過ぎなかったのだと理解したのではないでしょうか。

日本から欧米へ行った人々はやはり思想を求め、周恩来などはフランスでマルキシズムを学んだわけです。

半藤　そして中国共産党が結成されたのは一九二一年（大正一〇年）七月、というわけです。

■中国の反日教育は大正期から凄かった

半藤　昭和になろうという頃、中国の反日教育は凄かったんです。徹底して日本を排斥していました。

その頃、大正一〇年（一九二一年）の三月から七月まで芥川龍之介が中国旅行をしていて、『支那游記』という文章に見聞したことをまとめています。

芥川さんは、中国人の感情などは意識せずに名所めぐりをしているんですが、至る所で、排日、反日のスローガンを見つけるんです。学校を訪ねても、日本製品は全部排斥されていて、子供たちは日本の鉛筆を使わずに筆を使っている。芥川さんは、まさか中国の反日、排日運動がそこまで来ているとは予想していなかったようですね。

そうした文章を読むと、いかに中国の反日教育が徹底していたのか、よくわかります。

保阪　当時の反日教育を主導していたのは国民党です。国民党にはアメリカ帰りが多い中国のナショナリズムは、日本に対して歯をむき出しにして怒っている感じです。いんですが、僕が取材した限りでは、例えば蔣介石の右腕だった政務の陳立夫《ちんりつぷ》などのように、日本は大嫌い、日本の政治家や軍人は歴史観がないと軽蔑している要人が多かっ

(1925)	4月19日	青島の日本紡績工場労働者、第1次スト開始。1万8000人参加。
	5月1日	中華全国総工会（中国共産党系の労働組合）が結成される。
	5月14日	上海の日本内外綿紡績工場スト再開。同15日、日本人資本家が、労働者10人余を殺害。労働者2万人余が抗議スト開始。
	5月25日	青島の日本紡績工場で第2次スト。同28日、日本と奉天派軍閥、ストを弾圧し死者8人（青島虐殺事件）。
	5月30日	上海で日本内外綿紡績工場の労働者虐殺に抗議し反日デモが発生。英警官隊が発砲し、11人が死亡する（5.30事件）。その後、各地にスト拡大。
	6月1日	上海の学生、労働者、商人が、「5.30事件」に抗議のストを再開。
昭和2年 (1927)	3月24日	中国革命軍の南京入場に際して、日本領事館が襲撃を受け、海軍軍人も武装解除される（南京事件）。
	4月3日	漢口の中国人群衆が日本租界を襲撃し日本陸戦隊と衝突（漢口事件）。
昭和3年 (1928)	5月3日	蔣介石の北伐軍兵士が日本人の家を略奪したことがきっかけとなり、中国山東省済南で北伐軍と日本軍が衝突（済南事件）。
	5月11日	日本軍、済南占領。中国各地に排日貨・国貨提唱運動が起こる。
	6月4日	北京から満州に帰国途中の北方軍閥の張作霖が、関東軍の一部の謀略により爆殺される（**張作霖爆殺事件**）。この年、日本守備隊10数名が中国軍によって不法拘留される事件などが数件起こる（日本兵不法拘留事件）。
昭和5年 (1930)	5月30日	満州の間島で朝鮮人が反日武装蜂起。
	7月28日	長沙の日本領事館、中国共産軍に焼き打ちされる。
	10月6日	間島で日本人警官2人が中国兵に射殺され、情勢が険悪化する。
昭和6年 (1931)	6月27日	北満興安嶺方面を密偵中の中村震太郎大尉ほか1名が中国兵に逮捕され射殺される（中村大尉事件）。
	7月2日	満州万宝山で朝鮮人農民と中国人農民・官憲が大衝突する（万宝山事件）。
	9月18日	関東軍参謀らが、満州占領を企てて南満州鉄道を爆破、これを中国軍の所為として関東軍出動（柳条湖事件）。これを発端にして**満州事変**はじまる。

満州事変までの中国での排日・反日関連事件

大正4年 (1915)	1月18日	日本が**21ヶ条の要求**を北京政府に行う。
	2月11日	東京の中国留学生2000人が、21ヶ条の要求に抗議して大会を開催。
	2月25日	上海で国民対日同志会が結成される（3月、上海、漢口、広東で日貨排斥運動起こる）。
	5月9日	21ヶ条を修正した日本の最後通牒を袁世凱が承認。5月9日は中国国恥記念日となる。
	5月13日	漢口で日本商店襲撃など排日暴動が勃発。このほか中国各地で反対運動や暴動が起こる。
	5月18日	漢口で三菱支店が焼き打ちされる。
大正7年 (1918)	5月21日	北京で日華軍事協定反対の学生デモ起こる（2000人）。
大正8年 (1919)	5月4日	北京の学生が山東問題に抗議し示威運動（3000人余り）。中国全土で反日愛国運動の5.4運動が盛り上がる。
	5月7日	中国人留学生2000人が東京で国恥記念デモ。
	5月19日	北京学生連合会が、北京政府の外交に抗議スト宣言（日貨排斥運動を展開）。
	6月3日	北京学生連合会が、市民・労働者との共闘を呼びかけ、反帝愛国のデモ。
	6月5日	上海の日系紡績工場で2万人の労働者スト。上海の商人も罷市開始する（各地に広がる）。
	11月16日	日本人ら100人余り、福州で抗日学生に暴行（福州事件）。その後、福州や北京・上海の学生・商人が抗議スト・運動を展開。
大正9年 (1920)	1月31日	北京の学生が、山東問題の直接交渉に対して抗議のデモ起こす。
	10月2日	馬賊団が、琿春の日本領事館を全焼させ、日本人13人を殺害、数人を拉致する。
	11月29日	中国宜昌で日本人家屋が略奪放火される（第1次宜昌事件）。
大正12年 (1923)	3月10日	中国が、日本に対して21ヶ条廃棄を通告。この頃、中国の各地で、21ヶ条廃棄、旅順・大連回収を要求する排日運動が起こる。
	6月1日	長沙で学生の排日運動が起こり、日本海軍の陸戦隊が上陸する（長沙事件）。
大正14年	2月9日	上海の日本内外綿紡績工場労働者がスト開始。4万人参加。

たですね。

半藤　大正八年（一九一九年）から昭和が始まる前の時期、中国の反日感情は始末に負えないくらいに凄かったんです。けれど、彼らのナショナリズムを刺激して反日を促してしまったのは、残念ながら、日本のほうですから文句は言えません。当時、大きな反日暴動事件が続いています（一八三頁参照）。

この流れでは、どうしても満州事変へ行ってしまうしかなかったと思いますよ。これだけ反日的な中国大陸の情勢にあって、日本側としては国防からも経済面からも、自国の生命線として、満州を手放すわけにはいかなかったんですからね。

保阪　この反日暴動は満州事変後も続き、日中戦争まで一層盛り上がっています。満州事変までの時期に起こった反日事件で、日本人は中国人に随分と殺されていますね。日本の民間人だけでなく、兵士でさえ、部隊から離れてしまうとやっぱり殺されている。それほど反日感情が強かった。

日本としては、そうした事件に対して、すぐ軍事で対抗していたんです。

■岸信介が認めるほどに侮蔑的だった日満議定書

半藤　中国人のナショナリズムの歴史を見ると、反日感情が生まれる構造としては、日本が原因を作っているんですよね。

日本は満州国を作って、上手くやったつもりなんでしょうが、満州国に関しても反日の元になることをやっています。

昭和七年（一九三二年）九月一五日に日満議定書（注㉑）を結ぶんですが、これがとんでもなく侮蔑《ぶべつ》的な内容だったんです。

例えば、第一条は、全ての権利・権益を「満州国」に確認させ、第二条は、日満「共同防衛」のために満州国内に日本軍隊を、いつでもどこでも、いくらでも駐屯する権利を認める、というものでした。

保阪　しかも、日本軍の駐屯の費用は、確か、満州国が出すことになっていたんじゃありませんでしたか。

半藤　満州国にカネを出させて、満州で日本の軍を勝手に動かすという権利なんですよ。

保阪　中国人のプライドをますます傷つけますね。しかも、当時の満州国の総理大臣が関東軍の本庄に宛てて、議定書に基づいて関東軍に頼みごとをする屈辱的な手紙が残っています。そうした手紙を出すこと自体がまた、中国人のナショナリズムを刺激するんですよ。

ちなみに、満州議定書がいかに侮蔑的な内容だったのか、当時の日本の官僚も自覚していたんです。

例えば、時間を少し下った昭和三一年頃、総理だった岸信介が日米安保改定（注㉒）で一生懸命に動いていました。なぜならば、その頃の日米安保条約は、五ヶ条から成っていたのですが、その内容自体、まるで日満議定書のようだったから、岸首相は必死に改定しようとしたと思われるんです。

岸は満州の官僚でしたし、日米安保条約にサインした吉田茂は満州の奉天《ほうてん》で総領事でした。彼らは、日米安保条約を見て、自分たちが昔、満州国に押し付けた日満議定書と同じだと思ったのではないか。あれと同じことを、今度は日本がアメリカにされるんだとね。

半藤　あれは、吉田さんが承知の上でサインしたのでしょう。「この屈辱を味わうのは俺一人だけでいい」と言った。だから、岸さんは安保改定で、それを直したかった。つまり、日満議定書と同様の屈辱的な状況から、脱却したかったんですよ。

保阪　逆に言えば、日満議定書は押し付けられた側のプライドがずたずたになるほどに屈辱的な内容だということで、押し付けた日本の官僚はそれを自覚していたんです。

半藤　「二十一ヶ条の要求」で中国を反日一色にし、次に日満議定書でもまた、中国のプライドをずたずたにしたんですね。中国人が日本に対してかんかんに怒り、反日的になるのは当然なんです。

そうした事実を見ると、戦前の対中国関係について、いくら頑張っても、日本は悪くなかったという主張にはどうしても無理があるんじゃありませんかと、歴史修正主義者には言うしかありません。

注①【安重根】明治一二年〜明治四三年（1879〜1910）。韓国の独立運動家。明治四二年（一九〇九年）一〇月二六日、前韓国統監だった伊藤博文をハルピン駅において拳銃で暗殺した。死刑判決を受け、翌年に処刑された。韓国では義士と呼ばれ、独立運動を鼓舞した英雄と称えられている。

注②【韓国併合】明治四三年（一九一〇年）八月二九日発効、「日韓併合ニ関スル条約」に基づき、大日本帝国が当時の大韓帝国を併合したことを指す。日韓併合、朝鮮併合、日韓合邦とも表記する。
　条約締結の前年に、大韓帝国の最大政党だった一進会が「韓日合邦を要求する声明書」を出している。ただし、当時の韓国内には併合について賛成と反対の対立があったとされ、日本国内にも意見の対立があった。

また、日露戦争終結の直前である明治三八年（一九〇五年）七月二九日にアメリカのタフト陸軍長官が来日し、当時の首相兼外相だった桂太郎と会談、桂・タフト協定が交わされており、以下の点が確認されている。

・日本はアメリカの植民地であるフィリピンに野心のないことを表明する。

・極東の平和は日本、アメリカ、イギリスの三国により守られるべきである。

・アメリカは、日本の韓国における指導的地位を認める。

注③【閔妃】嘉永四年～明治二八年（1851～1895）。李氏朝鮮第二六代、高宗の妃。閔妃は一族とともに政権に力をふるっていた。一八九五年（明治二八年）、三国干渉の後にロシアと手を組んで政権を握り排日政策を採ったため、韓国での勢力後退を恐れた日本側により暗殺された。

注④【三浦梧楼】弘化三年～大正一五年（1846～1926）。明治・大正期の軍人、政治家。明治二八年（一八九五年）に朝鮮公使となるが、閔妃暗殺事件を起こしたとされる。事件後、三浦以下は軍法会議で無罪、裁判でも証拠不十分で免訴・釈放された。これにより、韓国各地で反日義兵闘争が起こった。

注⑤【李垠】明治三〇年～昭和四五年（1897～1970）。大韓帝国第二代皇帝・純宋《じゅんそう》の異母弟で、純宋の即位と同時に韓国最後の皇太子となった。

注⑥【梨本宮方子】明治三四年～平成元年（1901～1989）。日本の元皇族。梨本宮家に生まれ、旧大韓帝国の元皇太子で日本の王公族となった李垠の妃となり、李方子となった。戦後、韓国に帰化して障害児教育に取り組み、昭和五六年（一九八一年）には韓国政府から「牡丹勲章」が授与された。

注⑦【朝鮮総督府】併合後の韓国を統治するために設置された官庁。インフラの整備を行う一方、皇民化教育を行い、言論の制限や結社の禁止、独立運動の取り締まりなども行った。

注⑧【創氏改名】朝鮮総督府が昭和一四年（一九三九年）に発した制令で、朝鮮人に対し新たに「氏」を創設させ、「名」を改めることを許可するとした政策。多くの場合、朝鮮名から日本風の名前へと変えられている。これは朝鮮総督府による皇民化政策の一端であり、事実上の強制だったとする説が韓国では圧倒的に支持されている。

注⑨【五権憲法】三民主義（民族主義、民権主義、民生主義）とともに孫文が提唱し、中国国民党の原則となった憲法理論。行政・立法・司法の三権に、中国の伝統から監察と考試の二権を加えて五権とし、相互に独立した機関によって行使するというもの。現在の台湾の中華民国憲法はこれに基づいている。

注⑩【本庄繁】明治九年〜昭和二〇年（1876〜1945）。陸軍軍人。柳条湖事件当時の関東軍司令官で、後に軍事参議官、侍従武官長を歴任、敗戦後に自決している。

注⑪【宮崎滔天】明治四年〜大正一一年（1871〜1922）。孫文を支援し辛亥革命を支えた革命家。浪曲師《ろうきょく》でもあった。なお、長男の龍介は、歌人・柳原白蓮《やなぎわらびゃくれん》と駆け落ちした白蓮事件で知られる。

注⑫【山田良政】慶応四年〜明治三三年（1868〜1900）。革命運動家。孫

文の支援者となり、恵州での武装蜂起に参加、清国で亡くなる。死後は、実弟の山田純三郎が遺志を継いで孫文を支援した。

注⑬【梅屋庄吉】明治元年〜昭和九年（1869〜1934）。実業家。日活の創業者の一人。孫文に多額の資金援助をして辛亥革命の成就に寄与した。孫文が袁世凱《えんせいがい》に敗北し日本に亡命した後も、援助を続けた。孫文の革命に対する資金援助額は、現在の貨幣価値で一兆円に及ぶともされる。

注⑭【周恩来】明治三一年〜昭和五一年（1898〜1976）。中華人民共和国の政治家。建国以来、死去するまで政務院総理・国務院総理（首相）を務めた。田中角栄（九六頁参照）と日中共同声明に調印した。

注⑮【辮髪】北アジア諸民族の男子の風習で、頭髪の一部を編んで垂らし、ほかを剃り上げた。

注⑯【軍閥】独自の政治集団となっている軍人の一団を指す。清朝崩壊から中国共産党支配が完成する前の中国では、軍隊の首領が地方において独自の支配を行っていた。

注⑰【満鉄】南満州鉄道株式会社の略。明治三九年（一九〇六年）に設立され、日本の満州経営における中核をなした特殊法人。満鉄の主要業務は南満州における鉄道の独占経営だったが、同時に鉄道付属地として広大な領域に一般行政権を付与されており、撫順《ぶじゅん》などの炭鉱、鞍山《あんざん》製鉄所を経営、さらに独占的な商事部門も擁し、八〇の子会社を持つ一大コンツェルンを形成していた。昭和二〇年（一九四五年）八月九日にソ連軍が満州に進出して全事業を占領、満鉄は消滅した。

注⑱【中江丑吉】明治二二年〜昭和一七年（1889〜1942）。中江兆民の長男。袁世凱の顧問だった有賀長雄博士の助手として北京へ赴いた。対中戦争の拡大防止を勧告し、太平洋戦争中には日本の敗北を公言したという。

注⑲【北一輝】明治一六年〜昭和一二年（1883〜1937）。国家主義者で、本名は輝次郎。中国に渡り辛亥革命を支援、イギリス、ロシアとの対決の必要を説く。『日本改造法案大綱』を執筆し、右翼を配下にして数々の事件に加担する。青年将校に影響を及ぼし、二・二六事件の黒幕として逮捕され、軍法会議により死刑となる。

注⑳【五四運動】中国は「二十一ヶ条の要求」の取り消しと、山東省《さんとう》の権益の返還を要求したが、日本は無視した。これに激高した北京の学生が一九一九年（大正八年）五月四日に反日デモを行い、中国全土に波及した。

注㉑【日満議定書】昭和七年（一九三二年）九月一五日に日本と満州国の間で調印された議定書。主な内容は以下のとおりだった。

・満州国の承認。
・満州での日本の既得権益の維持。
・共同防衛の名目で関東軍駐屯を了解。

さらに、満州国と関東軍で交わされた文書の内容も補足として取り決められた。主なものは以下のとおりである。

・満州国の防衛は関東軍に委託し、経費は満州国が負担。
・関東軍が防衛に必要とする場合、鉄道、港湾、水路、航空路の管理と新設の工事は、日本もしくは日本指定の機関に委託。
・関東軍が必要とする施設について、極力援助を行う。
・日本人を参与として登用、中央・地方の官僚にも日本人を登用し、人選は関東軍司令官の推薦とし、解職には関東軍司令官の同意が必要。

注㉒【日米安保改定】昭和二六年（一九五一年）に調印された日米安全保障条約が昭和三五年（一九六〇年）に岸信介内閣のとき改定されたことを指す。前条約ではアメリカ駐留軍に日本防衛の義務はなかったが、改定により義務化され、さらに前条約にあった内乱鎮圧条項が削除された。また、経済面での協力が新たに規定されている。この改定にあたり日本国内では、アメリカの軍事行動に巻き込まれるという批判があり、反対運動が広がった。

第四章

現代の中国および韓国のナショナリズム

■国際関係の三つのベクトル

保阪　僕は、国と国との付き合いを見るとき、三つのベクトルがあると思っています。まず上のレベルであるA層は、政府と政府の関係です。このレベルでは、国家ナショナリズムの要素が不気味に見え隠れするんです。お互いに国益を代弁しての付き合いです。

次に中間にあるB層のレベル、良識的に付き合おうという中間層同士の関係があります。きちんと相手の国情を知り、歴史事実に基づいて冷静に付き合おうという民間人です。相互理解を心がける双方の良識的な国民です。現実に韓国へ行っている日本のビジネスマン、あるいは韓国から日本に来て仕事をしている人なども含まれますね。

最後に下にあるC層のレベル、何も知らないないし考えていないとしか思えないような人たちがいます。日本で言えば、ヘイトスピーチをしている人たちです。同様の人々は、中国や韓国にもいます。

今の日中韓の関係は、上のベクトルが下のベクトルを煽《あお》っているのが実状です。

ナショナリズムの３つのベクトル

A層（国家ナショナリズム）
政府レベル（国益）

B層（庶民ナショナリズム）
相互理解をめざす
国民レベル（友好）

C層（歪みの伴うナショナリズム）
感情だけのレベル（相互不信）

C層レベルの人々は、ナショナリズムを鼓吹するときに、いつも奇妙な論理で言い立てるんです。歴史事実をわきまえない偏《かたよ》った身勝手な見方をしてね。

例えば、中国のC層の人々は言います。

「世界の五人に一人は中国人だ。中国こそ、世界の中心なんだ」

韓国のC層から、こんなことを聞かされました。

「中国は長男、韓国は次男、日本は三男。三男のくせに、日本は生意気だ」

そして、日本のC層の連中は、昭和の戦争で軍部が言い訳した残りカスのような言い草にしがみつくんです。

「あの戦争では、日本こそが正義だった。アジアの植民地を解放しようとした」

その実、日中韓どの国でもC層のナショナリズムは、ただ自分たちの鬱憤《うっぷん》を晴らそうとしているだけなんですね。

国家ナショナリズム的な意図で、権力の側にある政治家や官僚が下のナショナリズムを煽るから、中間のナショナリズムまで歪《ゆが》んでくるんですよ。

また、日本のナショナリズムの状況で性質《たち》が悪いのは、C層のナショナリズムを信じてもいないのに、中間にある人々が笑いながら、結果として煽っている面があることです。

週刊誌などのメディアは、商売のために煽る。過激なC層のナショナリズム的な言動を取り上げると雑誌や本が売れるからです。政治家にも下の連中に迎合するのがいますよ。

僕も半藤さんも、韓国びいきでも何でもない、歴史的な事実を言っているだけです。歴史事実をきちんと押さえた上で、冷静に論じようという姿勢を崩したら、両国間のナショナリズムの問題は、決して解決しないんです。

半藤　まったく同感でね、どうも歴史を直視することを自虐史観と批判する人たちがいっぱいいましてね。困ったことよと思うほかはないのですが、でも、本当に日本のことを誇りに思うなら、当然、過去の事実に目をつぶらないはずなんですよ。しっかりと目を開けて正面からきちんと見ることができるはずです。

そもそも、歴史的事実というのは、今の見方で勝手に変えたりすることはできないんです。歴史は一つしかない。それを知るためには正しく向き合うほかはないんです。

保阪　隣国との関係の三つのベクトルで言うと、歴史修正主義者は一番下のベクトルです。つまり、ヘイトスピーチをするレベルです。今は一番上と下とが結びついていて、真ん中のベクトルは押されている。

普通の社会生活を営んでいる良識ある中間層の人たちが、中国にも韓国にもいる。その人々と、我々は友好を進めるように連携していかなければいけないんですね。

例えば、今年（平成二六年）の一月に、僕は日中友好七団体の新年会に行ったんですが、そこで河野《こうの》洋平氏がこんな挨拶をしていました。

「今、中国との問題で日中関係を良くしようとしている我々は、何をするべきかではなく、何をしないかを考えなくてはならない。それを銘記しよう」

そんな内容でしたけれど、良い挨拶だと思いましたね。確かに、お互いのナショナリズムを刺激し合うことは、日中韓の指導者はやめるべきですよ。

■中国共産党にとってナショナリズムは統治の手段にすぎない

保阪　日中戦争当時の国民党の人とよく話す機会があるんですが、こんなことを聞かされたことがあります。

「八年間の日中戦争で、日本と中国の間には二八〇〇回の戦闘があった。そのほとんど全てが日本軍と国民党軍の戦いで、共産党軍が主導権を持って戦ったのはたった八回しかない。その事実を隠すために、今の共産党のメディアは、国民党軍のやったことを自分たちがやったように書いている」

同様のことを、北京でも聞いたことがありますが、私には真偽はわからない。また、こんな話もある。これは元日本兵の証言です。

「戦場で日本軍と中国軍が撃ち合いになり、日本が不利になって撤退すると、その背後では今度は国民党軍と共産党軍が撃ち合っていた」

つまり、日中戦争当時、国共合作《こっきょうがっさく》（注①）で建前上は味方だったけれど、一皮むけば、国民党と共産党は対立を続けていたと言うんです。

半藤　そうですよね、でもよく国民党と共産党が結んで民族統一戦線が結成されたとも、その一面では感心するものね。これもナショナリズムあってのこと。

西安《せいあん》事件で、蔣介石《しょうかいせき》を監禁したとの報を受けたとき、毛沢東《もうたくとう》は蔣の処刑を望んだ。が、スターリンや周恩来《しゅうおんらい》は反対し、日本軍と戦うためには国民党軍と共産党軍との協力が大事と、毛沢東を説得した。

こういう事実を知れば知るほど、統一戦線は、かなり剣《つるぎ》の刃渡り的な危うさがあったとわかります。当時の日本がどうせ国共合作はまた分裂するに違いないからと軽視したのも、当然と言えますしね。

保阪　昭和四七年（一九七二年）に日中国交回復（注②）の交渉で中国へ行ったとき田中角栄が、毛沢東に、日中戦争について「どうもご迷惑をかけてすみません」と謝りの言を伝えた。

ところが、毛沢東は「いや、そんなことはありませんよ。私はあなたの国の関東軍の将兵たち皆に感謝しているんです。恩人です」と言った。冗談めかしてはいますが、堂々とね。それほど、共産党にとっては国民党への敵対意識が強かったし、日本軍の行動でさえも、勢力争いの材料と捉えていたんですね。そんな中国共産党にとって、共産主義は統治の手段だったのかもしれません。現代の中国の実体は共産主義ではなく、資本主義的ですよね。ナショナリズムだって同じで、統治の手段にすぎません。

半藤　今の中国は、いわば仮想敵国である日本と戦い続ける姿勢をとることで、ナショナル・アイデンティティーを維持している、と言ってもいいでしょうね。そのためには愛国主義は必須の要件です。ナショナリズムは統治のために最も有効なんですな。

保阪　日中戦争をよく調べていくと、日本人は中国人のナショナリズムを刺激するようなことばかりしています。例えば、日中戦争での、焼き尽くす、奪い尽くす、殺し尽くすという三光《さんこう》作戦（注③）なんて、やられたほうは絶対に許しませんよ。

そして、日本がやったことを利用して、共産党にせよ国民党にせよ、民衆のナショナリズムを上手く育て、統治に活かしていたとも言えるのではないだろうか。

逆に言えば、実に日本側はまずいやり方をしたということですよ。日本人には自分たちの主観的な価値観でしか生きられない、自分たちのナショナリズムしか理解しないという愚かな面があるということですね。

現在の中国がナショナリズム教育を施す目的は一つ、統治です。反日教育をする目的は、それをやれば国がまとまるという側面がありますね。問題は、B層の人たちがしだいに発言しづらくなっていることです。

半藤　特に、崩壊した社会主義という思想に代わる、何か誇るべき国家機軸を内外に示さなければならない重荷を、今の中国は背負っていますものね。

保阪　中国共産党のナショナリズム教育では、反日で国をまとめようとする一方で、反日が行きすぎないように抑制している面もあるんです。

僕は中国の人とシンポジウムか何かで話し合ったとき、こう指摘したことがあるんです。

「あなたの国が、日本軍国主義者は敵だけれど、日本人民は敵ではない、という言い方をするのはおかしい。だって、当時の日本人民そのものが軍国主義者だったのだから」

すると、相手はこう言いました。

「それはわかります。しかし、我々の国で、もし二つを分けないで言ったら、大変なことになりますよ。当時のことを理解できない中国人民が、日本人を全員、恨みます」

そして、これは幾つかの書でも紹介したことなんですが、こんなエピソードを教えてくれたんです。

一九五三年（昭和二八年）にハルピンでスケート協会が日本のスケート選手を呼んで、日中の大会を開こうとした。それを発表したところ、ハルピンの共産党委員会に民衆が押し寄せて、「なぜ日本人を呼ぶんだ」と抗議し、暴動寸前になった。

そのときから、周恩来さんは「日本人全てが敵ではない。日本の一部の軍国主義者だけが敵だ」と教育するようになったのだそうです。

中国の民衆のナショナリズムは、火がつくと無限に広がってしまう。だから、政治教育で抑制しなければならないということなんですね。

半藤　確かに、あの国のナショナリズムには独特な面がありますね。日本人にはちょっと理解できないところがある。

現代では、どこの民主主義国家も、一番大切なのは人権であり、それを守るために政府があると考えています。さらに、人権を守れない国家があれば、国連を中心とした国際社会が守らせてあげるというシステムになっているんですね。

そうした民主主義的な構造に対して、「胡散《うさん》臭い」といちばん思っているのは、中国ではないでしょうか。

「政府が人権を守るなんて、そんなことをできるわけがない。人権を守るために政府があるなんて、何を言っているのか」

一般的な中国の人はそう考えているのかもしれない。ただし、これはわたしの歴史探偵的推理なんですが。

保阪　政府が守ってくれるなんて何を考えているんだ、自分のことは自分で守れ。中国人はそう思っていますね。

■中国の民衆は国など信用していない

半藤　血と歴史で繋がっているから国家が成立する。これが中国の国家観です。戦前の日本人は、誰もこのことをわかっていなかったと思うんです。

その国家観から見れば、先程の日本人を分ける考え方は理解できますね。彼らからすれば、「民族が大事だ、国家が一番大事だ」と叫んでいる日本の軍国主義者は極めて胡散臭く見えるでしょう。

民族だ、国家だなんて、何をカッコいいことを言っているんだ。血の繋がりのほうが大切に決まっている。血族と血族の歴史のほかに、信用できるものがあるわけないだろう。

そう思っているから、日本の国家主義や軍国主義者は胡散臭い、と考えている。

保阪　そのとおりだと思います。一般の中国人は、国とか価値観とか、そういうものはそれほど信用していないように見えます。

例えば、中国のトイレは凄く汚い。食事の仕方も汚いんです。また、中国では交通ルールがほとんど守られていません。信号が赤だろうが平気で道路を渡るし、車も止まろうとしない。本当に不思議なほどに、公衆の道徳やルールを無視するんです。

僕は中国へ行って、何度もそうしたことを見るたび、なぜなんだろうと考えたんですが、理由は、彼らが公的な約束事を全然信用していないからなんですね。中国の人と話をしていると、よくわかります。彼らは他人を簡単には信用しない、思想を信用しない、政府を信用しない、もちろん官吏《かんり》を信用しない。たまたま北京オリンピック前の時期に中国へ行ったことがあるんですが、道路工事の現場を見ていたら、夕方になって、労働者が列に並んでいるんです。何をしているんだろうと思ったら、その日の労賃を貰《もら》っていたんです。ハンコも何も押さない、親方から現金で受け取るんです。

つまり、今日働いた分は今日清算するというやり方です。明日になるとどうなるかわからないからです。

明日になったら貰えないかもしれないし、もう働きに来ないかもしれない、現場の側だって明日になれば払えないかもしれない、そう思っているからだと思う。

西欧の近代社会とは完全に違う、中国流のルールがあるんです。

半藤 中国は独自の形で動いているんですよ。ただ、彼らは、歴史でみんな繋がっているんです。その歴史を日本が無視するから怒るんですね。

戦前といい戦後といい、はたして日本人の中国理解はきちんとできているのか、といつも思うんです。中国に関する文献や資料をドカンと山のように積みあげて、それでわかったような気になっているのではないか……。どうなんでしょうかね。

保阪　嫌中《けんちゅう》の人たちは、中国人は公衆道徳を守れないということをよく言いますが、確かに事実です。けれど、それはもうしょうがないんですよ。昔から中国人は、政府も国も信用していない、独自の考え方があるからですね。

半藤　民主主義国家や人権を尊重する国家を作るということも、多分信用していませんね。

我々日本側としては、そうした中国をなんとかするには、「今の世界は、民主主義と人権尊重による枠組みで形成されつつあるのだから、中国も早くそれを学んだほうがいい」と、辛抱強く、訴えていくしかないんじゃないですかね。

そして常に冷静にね。

■日本と韓国とでは韓国併合についての教育に差があり過ぎる

保阪　韓国のナショナリズムについては、中国とはまた違った特徴があって注意が必要ですが、特に大事なのは、韓国併合についての教育が日韓でまったく違うことだと思うんです。

僕の親戚の者が自然科学の研究者で、韓国の大学教授と家族ぐるみの付き合いをしていて、今から二〇年ほど前、僕はその教授の家に行ったことがあるんです。

その人には当時中学生の娘がいたんですが、一度も僕たちの前に顔を出さない。いよいよ帰るときになってようやく姿を見せたんですが、親戚の者が「元気?」と声をかけても、横を向いて返事もしない。握手しようとしても拒否するんです。

僕はその態度が不審だった。それで帰りの道すがら、尋ねてみたんですよ。

「おい、なんであんな態度を取るんだろうか? 恥ずかしかったのかな」

すると、返ってきたのは、こんな答えでした。

「違うよ。あの娘の父親から聞いたんだが、今、中学の歴史の時間で、韓国が日本に併合されていた頃の一番民族の恥の部分を習っているらしい。『だから、わかってやってくれ。ごめんな』と、父親が言っていたよ」

その娘について、親戚の者は幼かった頃から知っているんです。にもかかわらず、日本人だからという理由で、口を利きたくない、握手もしたくないと思わせるほどに、韓国はもの凄い歴史教育をしているんだなと思いました。

もっとも、何年か経ってからは、彼女はまた普通に付き合えるようになっているんですけれどね。

半藤　韓国が併合されていた時代に私は悪ガキでしたが、韓国の人の頭をしばしばゴツンとやった覚えがありますから、そういう話を聞くと冷や汗が出ますよ。

保阪　その教授の家を訪ねたとき、彼の父親とも話をしたんです。僕たちが訪ねたときには、彼の身内が大勢集まっていたんですが、僕らがいるので韓国語と英語を使って話していたんですね。

そのとき、教授の父親に肩を叩かれた。隣の部屋に行こうと誘われたんですよ。二人きりになると、その人はこう言いました。

「あなたとは日本語で話をしたいけれど、息子たちの前では、日本語で会話をするわけにはいかない。だって、彼らがかわいそうですからね」

その人は戦時中、日本の東京商科大学（現・一橋大学）の留学生だったといいます。一五人いたクラスのなかで、日本人が八人、あとの七人は台湾、韓国、シンガポールなどからの留学生だったそうです。東京商科大学で習った金融論などがいちばん役に立ったそうで、その人は韓国の銀行家になっていました。

日本語のことですが、もちろん、日本へ留学していたから話せるわけではない。かつての日本の酷《ひど》い統治政策により、強制的に日本語教育を施《ほどこ》されていたからです。

「親父が日本語をできるということ自体、息子たちのプライドを傷つけます」

と言っていました。

つまり、父親の世代の韓国が日本によって屈辱的な支配を受けていたことを息子に思い出させないために、別室に僕を呼んだということなんです。

それから彼は、僕にこんな話をしたんですよ。

国際会議でパリに行く飛行機のなか、隣に女性が座った。何気なく、「日本の方ですか」と尋ねると、「そうです」と答える。彼は韓国の銀行家だと自己紹介して、日本語で会話を続けたところ、「日本語がお上手ですね。どこで覚えたんですか?」と尋ねられたので驚いた。日本と韓国の近代の歴史を何も知らないようだったので、パリに着くまでずっと説明した。飛行機から降りて別れ際、「色々教えてくださってありがとうございました。実は、私、弁護士なんです」と彼女が言うので、二度驚いた。

わざわざ、別室に僕を呼んだのは、この話をしたかったからなんですね。

「弁護士でさえ両国の歴史について知らないなんて、日本の歴史教育は一体どうなっているんですか!」と言って、怒っていました。

韓国の歴史教育では、昔から知っている日本人の顔さえ見たくなくなるほどに、徹底的に、かつての日本統治について教えている。

ところが日本では、韓国併合のことさえ、まったく教えていない。

この二つを見ると、やはり日本側の歴史教育には問題があると言うべきです。

■自国の誇りが高く、他国への感情が変わりやすい韓国ナショナリズム

半藤　昔、映画監督の大島渚《なぎさ》さんが、韓国の人に「バカヤロー」と言ってしまうという問題を起こしたことがあります。そのとき、『諸君！』の編集部が韓国の外務大臣にインタビューの依頼をしたところ、ＯＫの返事が出た。

それで、私が韓国へ行って外務大臣と話すことになったんです。そのときの話の内容は『諸君！』（昭和五九年一〇月号）に載っています。

インタビューを終えたその晩、韓国外務省の相当な地位の人間が五人で歓待してくれたんですが、酒を飲みながら彼らは歴史問題について私を総がかりで攻めてくるんですよ。私は一々きちんと受け答えしていたんですが、そのうちに酒が進んでくると、彼らは自分たちでやり合い始めたんです。

自分たちは日本にあれほどの屈辱を与えられたのに、なぜ、日本からの経済協力で国を大きくしているのか。「これは恥だ」と言う人がいると、「いや、そうじゃない」と別の人が反論する。もう、私なんかどうだっていいという感じで、自分たち同士の議論でどんどん熱くなっていった。

議論はまさか私に聞かせるためでもないでしょうが、ほとんど日本語でやってくれましたから、私にも内容がよくわかるんです。聞いているうちに、つくづくと思いました。この人たちはもの凄いナショナリストで、凄く誇り高い人間たちなんだとね。

彼らは韓国のエリートなのだと思うんですが、要するに、日本がどうこうよりも、自分たちの国をいかにして強い国にするのか、立派な国にするのか、それだけが大切なんです。

韓国のナショナリストとは、自分たちの民族が最高だと思っている人たちなんだとわかりましたよ。どうやら、本気でそう思っているようで、日本人なんか大したことはないと考えているらしい。

では、彼らは自分たちだけが大事で、日本や中国はどうでもいいのかというと、必ずしもそうではなく、他の民族への共感や友情もあるんです。

ただ、こうした友情や共感は一般的に、何かあると、たちまちのうちに憎悪と敵意にひっくり返るんですよ。韓国のナショナリストとは、そういう人たちなんだと思うんです。いや、ナショナリズムというのは、そういうものかもしれない。

保阪　わかります。昔から知っている人にさえ、昔の日本が酷いことをしたと学校で知ると、手も握らないで顔を背けるという性格はあると思います。日本人だったら同じ場合、お座なりにでも挨拶くらいするわけですが……。

半藤　もの凄く誇りが高く、しかも友情がすぐ憎悪に変わる場合があるんですから、韓国の人と付き合うにはこの点を注意しないと難しいですね。

あのプライドの高さを見ると、私なんか、全然だめです。

保阪　中国人、韓国人、日本人の中で、一番誇りが低いのは日本人ですよ。良く言えば、謙虚ということですけれどね。

中国や韓国の人と話をしていると、どうしてそこまで自分の国を誇れるんだろうと、びっくりすることさえあります。僕は、三つのベクトルの中間の層こそがこうした互いの性格を確かめ合いながら、相互理解を深めるべきだと思うんです。

半藤　私も韓国の歴史を知らないわけではありませんから、ときどき、そんなにとんでもなく誇れるほどの歴史ではないんじゃないかと、思うことがありますけれどね。

一つには朝鮮半島というのは地政学的に不運なところがあるからでしょうが、韓国人はそれを知るがゆえに、なおさら誇りをしっかりと持ちたいと思うのだろうと思いますが。島国日本はその意味では幸運だったというしかありませんがね。

とにかく、韓国のナショナリストの誇りの高さを、日本人はかなり誤解していると思うんですよ。

■日本人への根深い不信感

半藤　私は韓国語を少し話せたんです。今はまったくダメになりましたが。昔、韓国を旅行したときに李舜臣《りしゅんしん》の『乱中日記』を買った。李舜臣は、豊臣秀吉の例の文禄《ぶんろく》・慶《けい》長《ちょう》の役《えき》のとき、日本の水軍を徹底的に破ったという人で、そのときのことが書かれた日記です。

ハングルで書かれていたので、それを読もうと思って、半年くらい韓国語を教えてくれる学校へ通って習いました。日本語は母音がアイウエオの五つしかないが、韓国語は二十一もあるんです。それでなかなか上達しない。語順は同じウラルアルタイ語族ですから、わかりやすいんですがね。とにかく喋るのはむつかしい。でも、読むのはある程度学習すると何とか読めるようになります。で、辞書を片手にハングルのこの日記を二〇頁くらい読んだところで、はたと気づいた。

李舜臣の時代にまだハングル文字は使われていなかったはず、原書は漢文だ。もともとの原書を手に入れて、漢文で読むほうがずっと簡単じゃないかとね。

結局、『乱中日記』は漢文の原書で読みましたから、ハングルを習ったのは無駄でしたが、教わったおかげで、韓国語をちょっぴり話せるようにはなりました。

さて、それから大分経ってから、会社の女の子たちを韓国旅行に連れて行ったことがあるんです。買い物をしたいと言うので付き合った。私は、かなり年配の女性の店で、「高いよ、まけてくれ」、「だめだ」なんて、韓国語で交渉していたんです。こっちの韓国語は、特に発音がダメだからなかなか通じなくて、ラチがあかない。

そのうち、お店の韓国女性が、「お客さん、日本語でわかりますから、どうぞ」と日本語で言うんですね。買い物が済んだ後、私はその人に尋ねてみた。

「どうして、日本語がわかると最初から言わなかったんですか」

するると、彼女はこう答えたんです。

「私の子供の頃、日本人で韓国語を喋《しゃべ》るのはお巡りさんと憲兵《けんぺい》でした。一番危険、一番怪しい奴だ、そういう人に捕まったら大変だというのが、私たちの経験なんです。だから、韓国語を喋るあなたを、初めは警戒したんですよ」

けれど、話しているうち、私がただの旅行者だとわかったので安心し、途中から日本語を使ったのだと言っていました。

それを聞きながら、韓国の人たちは、日本の統治時代に本当に嫌な思いをしていたんだなと、つくづく感じました。

保阪　前章で話した、韓国併合時代に警官をしていた人間には、そこのところがわかっていなかったんですね。

半藤　その女性に、「昔、どんなふうに苛《いじ》められたんですか」なんて尋ねはしませんでしたが、確かに日本の警官や憲兵は嫌な思いをさせたんでしょうね。きっと、韓国の人に探りを入れるときには、韓国語のできる警官が出てきたんだと思います。

保阪　韓国語で探り出しておいて、取り締まりや弾圧をしたんでしょう。

半藤　そうした時代の経験があるので、口にこそ出さないものの、今でも韓国の人には日本人に対してもの凄い不信感があるのだと、感じましたね。

■竹島や尖閣の問題は、日中韓の国家ナショナリズムに利用されている

保阪　戦前の日本のナショナリズムと現在の中国や韓国のナショナリズムとには、相通じるものがあるという人がいますけれど、この点はどうでしょうか。

半藤　戦前の日本のナショナリズムは、アジアに新秩序を築く、そしてアジアの盟主たらんとする国家目標があって、その国家目標のために個人の献身を求める国家主義でした。

つまり、個人は国家のために尽くせという思想、運動だったわけですが、それと同じものが今の韓国にあるかと問われれば、「ない」と思いますね。そんな大それた国家目標なんかない。異質のものです。中国も異質だと思いますね。

北朝鮮には、個人に「尽くせ」と命令するという点に、あるいは近いものがあるかもしれませんが、やはりちょっと違う。

保阪　あれは金王朝への服従だけでしょう。近現代以前の制度です。

半藤　戦前の日本は、国家目標を至高のものとして、全員に「尽くせ」と命じていた。

保阪　全身全霊で尽くせ、ですものね。個人の感情なんか関係ない。おまえたちの信条、生き方、考え方、そんなものは認めないということです。

半藤　戦前の日本はそうでした。もちろん当時でも、そんなナショナリズムを認めない日本人はたくさんいましたけれどね。

とにかく、今の韓国や中国で、かつての日本の国家ナショナリズムと同じものがあるかと聞かれれば、ちょっと違うと思うんです。

保阪　竹島（注④）や尖閣の問題はどうでしょう。

半藤　領土問題はナショナリズムとは少し違いますからね。

保阪　竹島も尖閣も、政府間のレベルでは、ある意味、棚上げのようになっています。もっとも、竹島は現実に韓国軍によって占拠されていますけれどもね。

これら領土問題は、相互に徹底的に議論して、時間をかけて解決するしかないと思いますね。

歴史解釈の問題については、双方の代表が集まって共通の教科書を作ろうとしている人たちもいます。ただ、議論とは違って、最終的に教科書にまとめようという段階になると、それぞれの国の態度は変わると思いますね。近現代史の研究グループが進めていますが、なかなかうまくいかないと言っていました。

半藤　教科書を共同で作るなんて、意味がないんじゃないかと僕は思うんですよ。

保阪　意味ないですよね。

半藤　歴史についてはそれぞれの国の教え方をすればいい。ただ、必ず相手の国ではどう思っているのかも併せて書けばいいんです。自国の立場と相手国の立場を両論併記するんです。後の判断は、子供や孫の世代に任せるしかないんですから。

でも、韓国でも中国でも、両論併記はしていない。日本でも今、やっていない。歴史教育については、そこが問題だと思います。

半藤　領土問題について、一つだけ確実に言えるのは、日本は国境問題については歴史的に習練されていないということです。四面海なる日本はどことも国境を接していない国だから、国境についての問題でいくらでも混乱してしまう。そしてすぐ頭にくるんです。

保阪　他の国のように道路の途中で国が変わるという経験が、我々日本人にはないですものね。

半藤　ちょっと例外だったのは、南樺太《みなみからふと》が日本領だった時代です。道の途中に線が引いてあって、そこが国境線だとわかるようになっていました。その頃、女優と演出家が駆け落ちして、線を越えて入っていってしまった事件があります。

保阪　杉本良吉《りようきち》と岡田嘉子《よしこ》ですね。警備の兵が見ていて、二人が勘違いしたと思ったらしく、「おーい、違う違う」と言って、国境線の向こうへ走って入ってしまった。もし、あのとき鉄砲でも撃っていたら、大変なことになったところですね。

半藤　大変なことになります。国境を越えるということの意味を、警備兵さえよくわかっていなかったんですから、そのくらいに日本人には、国境というものへの習練がない。それだけにカッカとなりやすいところがあります。すぐ冷静さを失う。昭和史のノモンハン事件がそのいちばんの好例です。

保阪　竹島や尖閣の問題に戻すと、あれは個人の愛国心やナショナリズムが別の形で利用されているのだと思うんですよ。日本の国家ナショナリズムを鼓舞するためにです。

半藤　いや、領土問題は、中国や韓国も鼓舞しようと利用していますよね。

保阪　相互に利用しているんです。領土という問題からどちらかが一歩引いて、冷静になればいいのだけれど、そうなっていない。だから、売り言葉に買い言葉で、ぎくしゃくするんでしょうね。

歴史の問題にしても、日本の若い人にすれば、「俺たちの生まれてもいなかった頃のことで、いつまでも責められて、謝れと言われるのはたまらない。昔のことで、無関係な俺たちが不利益をこうむりたくない」という気持ちなんでしょう。

そういう考え方はわかる。僕も日本軍の虐殺について、「僕がやったわけではないから、謝らない」と言ったことがありますので……。

けれど、我々の先達のやった行為について、国を超えて、人間としての感情から残虐だったと感じることは、大切だと思うんです。

謝ろうとするとか、謝らせようとするという発想自体がおかしい。人間としての感情を持てば、自ずから、国家ナショナリズムとは違う態度になりますよ。

■中国の国家指導者と民衆のナショナリズムは一体ではない

保阪 中国のナショナリズムについて言えば、下部構造はあるバランスを持っているとも思う。民衆レベルのナショナリズムと共産党指導部や軍部のナショナリズムとは別です。

共産党の中枢にいる人は五〇〇〇万人ほどで、一三億人を超える人口のうち、ほんの一握りにすぎません。この上層部のナショナリズムは覇権主義的で、世界の中心は中国だと思っている。ややもすれば中華帝国主義に傾くナショナリズムですよね。

半藤 その中国の上層部の覇権主義的な動きで、私がちょっと憂慮しているのは、軍部が、政府と一線を画した動きをしているのではないか、ということなんです。

あえて言えば、政府が軍をコントロールするために、軍の意を迎えているのではないか。もしそうであるなら、戦前の日本と同じですね。シビリアン・コントロールが充分に効かないと、戦前の日本と同じ過ちを犯すことになる。

そして、それを中国の民衆がどう見ているか。

保阪 その中国の民衆ですが、彼らが国家ナショナリズムを鵜呑《うの》みにしているかといえば、そうではない。一般の国民は国や政府の情報を全て信用しているわけではなく、むしろ、自分の属する共同体を信じているんですよ。中国共産党は何か事があると、国民を自分たちの意図する方向へと向かわせようとします。国民は多少の影響を受けるでしょうが、ちょっとしたことが起これば、すぐに共産党のコントロールから外れるんです。

その意味で、中国はいつまで経っても、ナショナリズムという一つの概念で統一された近代国家とはなり得ないんですね。

中国の良心的な人が言っていました。

「私は共産主義が好きではないけれど、仕方がないんです。もし中国が自由主義を選んでしまったら、たちまちバラバラですよ。親米派、親ロシア派、親日派など様々な立場に分裂して、中国で内戦が始まってしまいます」

それほどに、中国の国民にとっては、国や政府より共同体への信頼が強いんですね。現状で言うのなら、軍管区（注⑤）単位で結びついており、自分たちの利益を追求している。軍管区とは昔の軍閥《ぐんばつ》（一九一頁参照）のようなものではないか。

日本は、中国のナショナリズムに神経を尖《とが》らせないほうがいい。中国の反日デモなんて、ただA層の権力者にC層の連中が煽られてやっているだけですからね。

ただ、ナショナリズムのデモに、北京大学（注⑥）や清華《せいか》大学（注⑦）の学生が参加するようになったら、重要な意味を持つ。官製デモではなく本物だと言いますね。彼らは次代の中国の指導層ですから、単に上層部に煽られるような存在ではありません。

実は、中国指導部は北京大学や清華大学の学生の動向を、非常に警戒し、最も恐れていると聞いたことがあります。もし、彼らが指導部の方針に逆らったら、それは指導層における世代間抗争を意味するからですよ。あの天安門《てんあんもん》事件（注⑧）がそうでした。それで、当時の指導部は強硬な弾圧を行ったんです。

半藤 私はね、正直に言うと、日本が中国のナショナリズムにきちんと対応するためには、もう少し国家として中国が成熟するのを待つほかはないと思っているんですよ。とにかく一三億の民のいる国なんです。まとまった国家となるのは大変です。あまりムキにならずに、冷静にね。気長すぎると怒られるかもしれないが、ゆっくりと話し合う。それがいちばん捷径《しょうけい》（近道）かもしれませんよ。

その前に何か起きてしまわないように、祈りながらね。消極的ながら、そのほかにいい方法はないように思っています。

■韓国のナショナリズムは上下が反日で一体化している

保阪 韓国のナショナリズムは抗日、反日という一点では、上部構造も下部構造も一体化しています。例えば、かつての李承晩《りしょうばん》ライン（注⑨）なんて、国際法的にはまったくおかしい。ところが、韓国では誰もそのことを言わない。理由は、反日だからですよ。

半藤 そう、そこが問題でね。しかも、その反日の底の方に、侮日《ぶにち》という古層がある。この古層は容易なことではとりのぞけませんよ。日本の今日のあるのは韓国文化を上手く取り入れて、それを消化したからだ。韓国のほうが兄貴なんだ、という抜きがたい優越感が底のほうにある。

反日という新層と侮日という古層が、二重構造になっているんじゃないですかね。それを日本人は心得ておかなければいけないんですよ。

保阪 我々日本人は、彼らの感情について、ちょっと引いた目で見なければいけないと思うんです。彼らのエキセントリックな抗議について、一々、過剰に反応しないほうがいいんですよ。「いつまで同じことを言うんだ」と日本側が苛立《いらだ》って反応すると、国際的には、我々までエキセントリックに見えてしまうんです。

そうではなく、日本は問題に対する原則を決めておいて、冷静に誠実に対応し、あとは黙っていればいいんです。そうすれば、国際世論のほうが自然に理解するはずです。「韓国はいつまでも同じことを言っていて、前に進もうとしない」と、諸外国が韓国に言うようになると思うんですがね。

半藤 とにかく長い時間がかかることを覚悟してね。

■次代の者が、歴史を段階的に清算する知恵

保阪　中国社会科学院（注⑩）が七、八年前に日本に対する意識の調査を全国的に行ったことがあります。その結果、全体の約六割以上の中国人が日本にあまり好意は持っていないと答えています。ところが、日本人と付き合いがある人に限ってみると、九割を超える人が日本は好きだと答えているんですよ。日本人はおとなしくて礼儀正しく、良い人が多い、なぜ、かつて中国にあんなことをしたのか不思議だと思っているんですね。人と人として付き合えば、庶民レベルのナショナリズムは、互いにわかりあえるんです。それが私の言うB層の姿です。

例えば、仕事で中国に長期滞在しているビジネスマンが、こんな話をしていました。ある日、彼の息子の通う学校の先生が、「明日は休んだほうがいいですよ。南京虐殺についての授業がありますから」と、親切に電話をかけてきてくれたそうです。その人は、「いや、そうしたことも息子には乗り越えてほしい。ですから出席させます」と答えたそうです。案の定、翌日、子供は同級生に殴られて泣いて帰ってきた。で

も、二、三日すると、また中国の子たちと遊ぶようになったと言っていました。この話を聞いて、僕は日中の問題についても、こんな解決法もあるんだなと思ったものです。

国家間の場合も同じですよ。日本がかつて行ったことで、数年は非難される時期がある。日本は非難に誠実に冷静に対応する。そうした月日を経た後、互いに「もう、その時代を乗り越えよう」と言う時期が来る。

そうやって、段階を踏んで時間をかけて、過去を清算したらいいんです。それは決して不可能ではない。

半藤　そうです、こっちもとにかく時間をかけて、です。ゆっくり、冷静に、です。

注①　**【国共合作】**中国の国民党と共産党との連携のこと。第一次と第二次があり、日中戦争に関連するのは一九三七年(昭和一二年)に成立した第二次国共合作。日本の敗戦が決まると、国共内戦が再開されて一九四九年(昭和二四年)に共産党の勝利で終わり、国民党の指導者たちは台湾に逃れた。

注②　**【日中国交回復】**昭和四七年(一九七二年)、日本と中国が正常な国交関係

を樹立したこと。それまでの日本は、台湾の中華民国政府を正統と認める立場だったが、昭和四七年（一九七二年）に米中が和解すると、田中角栄首相が訪中し、中華人民共和国を中国の唯一の合法政権であるとする日中共同声明に調印した。

注③【三光作戦】日中戦争で日本軍が行ったと中国が非難している抗日ゲリラ根絶作戦。三光作戦は中国側の呼び名で、「焼き尽くす、奪い尽くす、殺し尽くす」を意味する。

注④【竹島】島根県隠岐島《おきのしま》の北西約一五七㎞に位置する、日本では竹島、韓国では独島《ドクト》と呼ぶ岩礁群に対する領有権問題がある。日本、韓国の双方が固有の領土だと主張しており、現在は韓国軍が占拠している。

注⑤【軍管区】中国の人民解放軍は、旧ソ連の軍管区に倣《なら》って軍管区制度を取っている。中国では「軍区」と呼び、行政単位、地理、戦略方面、作戦任務などに基づき設置された軍事組織で、域内の軍事最高指揮機関。二〇一六年（平成二八年）に「戦区」に再編した。

注⑥【**北京大学**】北京市に所在する中華人民共和国の国立大学。一八九八年(明治三一年)に創立された。国家重点大学の一つで、中国における最高峰の大学。

注⑦【**清華大学**】北京市所在の大学。一九一一年(明治四四年)に創立された。国家重点大学で、北京大学に並ぶ名門。

注⑧【**天安門事件**】一九八九年(平成元年)六月四日に中国北京市天安門広場で起きた事件を指す。当時、中国の民主化に積極的だった胡耀邦《こようほう》の死をきっかけに、学生らが天安門広場に集まり、胡耀邦に哀悼の意を捧げるとともに、民主化を訴えるデモ活動を展開した。ほどなく民主化の気運は中国各都市に広がり、同年五月に共産党政府は戒厳令を布告、六月に人民解放軍を投入してデモを鎮圧した。多数の死者を出したと言われているが、報道管制を敷かれているため具体的な死傷者数は不明。別名、六四天安門事件、第二次天安門事件。これ以前にまったく別の天安門事件があり、第一次天安門事件と呼ばれる。

注⑨【**李承晩ライン**】一九五二年(昭和二七年)一月一八日に大韓民国大統領・

李承晩によって発せられた「海洋主権宣言」によって朝鮮半島周辺の水域に設定した線を指す。その水域および海底の天然資源に対して韓国の主権を一方的に主張したため、この海域内での日本漁船の操業が不可能になった。一九六五年（昭和四〇年）の日韓漁業協定成立とともに廃止された。

注⑩ **【中国社会科学院】** 中華人民共和国の哲学及び社会科学研究の総合的な研究センターであり最高学術機構。文化大革命後の一九七七年（昭和五二年）に、中国科学院の哲学社会科学学部を基礎として新設された。中国政府のシンクタンクとして大きな影響力を持つ。

第五章

将来に向けての日本のナショナリズム

■「強い」「美しい」など情緒的な形容詞で国のかたちを語るな

保阪　現在の日本では、戦前の国家ナショナリズムを擁護する歴史修正主義的な言論が広まりつつあり、近隣の国々と深刻な対立状況にあります。憂うべき状況です。では、これから我々はどうすべきなのか。

半藤　これは今のわが日本国のあり方を論ずるということが、いちばん大事なんじゃないでしょうか。ということは、安倍内閣の批判になってしまうんですがね。

保阪　僕は、ナショナリズムに関して中間層（B層、一九七頁参照）の交流を広げていくべきだと思います。

ナショナリズムという言葉を前面に出した議論が陥りやすいのは、この言葉の持つ定型的な面にこだわり、それをどう守るか、あるいはどう排撃するかという流れになりがちなことです。

けれど、もっと簡単に考えれば、自分の故郷を愛する気持ち、自分の家族を愛する気持ちは、誰もが同じなんです。日本人である我々だけでなく、中国の人にも故郷や家族を愛する同じ心理はあるし、韓国の人だってそうです。

とすれば、ほかの国の人も同じだと理解した上で、相互の関係が作れるはずなんですね。

そのためには、自分たちの国でしか通じないような主観的判断やものの考え方をもとにしてよその国と付き合わないこと、そうした意見を平然と吐かないことが重要なんだと思うんですよ。

ところが、各国でヘイトスピーチをする人たちを分析すると、客観的にものを考えているところがなく、主観ばかりで発言するというんです。

主観の領域でしか考えない人は、形容詞ばかりで語るものです。

例えば、安倍さんがよく言う、「強い国にする」とか、「美しい国」とかね。情緒に流されて、事実を確かめることを怠《おこた》っているんですよ。何をすべきかが具体的でなく、しかも、聞いている人に誤解を与える危険性がある。あるいは、情緒をかきたてることで、良からぬ目的に利用されかねない。

形容詞を安易に使う人は、ナショナリズムを軽々に語ってはいけないと、僕は思う。

客観的に考える能力を付けるためには、知的な関心をもっと高める必要があります。知的関心を高めれば、自然に想像力が働くようになる。相手はどう思うのか、相手の立場からはどう見えるのか、そうした想像力を持てば、自分勝手な主観だけでものを言うことはなくなると思うんです。

半藤　その客観的に考える能力を高めるためには、歴史をきちんと、公正に学ばねばならないわけですが、これが今はひどく難しいときになっている。歴史が学校では、受験の関係もあって必須科目ではなくなっているんでしょう。いや、かりに必須となったとしても、日本の近現代史を教えることのできる先生がいないんじゃないですか。

■偏狭なナショナリストにならないためのメディアリテラシー

保阪　講演などでの僕への質問を聞いていると、偏狭なナショナリズムの鼓吹者には、読書の方法が偏《かたよ》っているという特徴がありますね。

例えば、二・二六事件について書かれた本は一〇〇〇冊近くあるでしょうが、事件の概説や基本的なスタンスについて書かれているものとなると、せいぜい五、六冊でしょう。高橋正衛の『二・二六事件――「昭和維新」の思想と行動』(中公新書)、松本清張《せいちょう》の『二・二六事件＝研究資料〈1〉～〈3〉』(文藝春秋)、河野司編の『二・二六事件　獄中手記・遺書』(河出書房新社)などです。

二・二六事件を知りたいのなら、本来、こうした基本的な文献をまず読み、そこから関心を深めて、様々な考え方や解釈を述べた本に目を通すという順になるべきです。

ところが、偏狭なナショナリストは、こうした基本文献を読まずに、いきなり事件についての解釈を述べる本を手に取ってしまう。それで、あたかも自分が二・二六事件を理解したつもりになり、「青年将校は義士《ぎし》だった」と言ったり、「あの事件が日本を戦争に導く導火線だった」などと軽率な発言をするんですよ。

こういう人たちは、歴史を知ろうとしているのではなく、単に自分の思想を表現するための道具として史実を使っているに過ぎない。

特に、歴史修正主義者にこの傾向が強く、彼らは史実を知ろうとするよりも、史実を都合よく使っているだけです。

偏狭なナショナリストにならないためには、情報を集め、知識を深めるという姿勢が不可欠だと思います。それには、なるべく多くの書籍や情報源に触れることが大切で、そうしているうちに、その本が単に解釈を伝えているだけなのか、史実を伝えようとしているのか、自然に見分けがつくようになります。

意図的に事実の半分しか伝えていなかったり、表現に妙に断定調が多く用いられたりするのは、歪《ゆが》んだ思想や解釈を伝えようとする本の特徴だと思う。あるいは、推量の助詞や助動詞がやたらに多く使われている本もあり、これは内容が史実ではなく著者の解釈であることを表しているとわかります。

こうした本の内容を、史実だと勘違いしないように、気をつけるべきですね。

また、メディアとの付き合い方も気をつけなくてはなりません。ナショナリズムを一方的にかきたてるメディアには、幾つか特徴があると、ある編集者が教えてくれました。

・見出しが一方的
・執筆者が特定化している
・自分が善で相手が悪という単純な二元論
・読後感がカタルシス（鬱積《うっせき》した感情の解放）のみ

こうしたメディアに触れていると、自分も同じような低いレベルに落ち込んでしまうので注意が要ると指摘しています。

特に、インターネットについては、ほどほどの付き合いにしておくほうがいいという忠告をよく聞きます。信ずるべき情報と信じられない情報とが混在しているので、インターネットには、「情報の暴力」と呼んでいい側面があるからです。同じ思想傾向のサイトに次々にリンクしていって、極端な情報のたこ壺にはまっていくようなところがあるようですしね。

だいたい、インターネットというとグローバルなイメージがあるけど、実際には、限られた日本語情報にしかアクセスしていない人がほとんどだそうです。その意味では意外に狭い空間の情報源なわけです。

若い人には、ぜひ、こういうプラスマイナスを考えてほしいですね。

■太平洋戦争の米軍を批判するなら、まず、日本の自己批判をすべき

半藤　歴史修正主義者など、ナショナリズムを主観的に語る人には、情緒という面でも共通点がありますよ。これは安倍さんだけでなく、安倍さんによってリードされている日本人全員だと思うのですが、どうも、自分たちの歴史自体が屈辱的だと思っているようなんです。

保阪　戦争に敗けたことが屈辱だという意味ですか。

半藤　つまるところはそうなんです。敗戦を喫したことで、占領されたことで、日本の歴史が汚されたと考えているのかなと、思えてくるんですよ。

彼らにとっては歴史自体が屈辱的なんです。戦争中の日本軍の残虐行為だけが取り上げられて批判されるのは、不公平だと考えている。私には、何をそんなにムキになるのかわかりませんがね。

歴史修正主義者は、繰り返しますが、アメリカは自分たちがやったことを棚に上げ、戦争中に日本人がやったことばかり批判するのが不公平だと言うんですよね。

アメリカだって広島に原爆を落としたじゃないか、東京大空襲だってやったじゃないか。それなのに、なぜあいつらのやったことはセーフで、俺たちのやったことだけがア

ウトなんだ。そういう論理で押してくるんです。

これはどうも、ちょっと違うんじゃないか。

私だって昭和二〇年（一九四五年）三月一〇日の東京大空襲を経験していますから、アメリカの行為が素晴らしかったなんて思っていませんよ。だからといって、日本軍のやったことが帳消しになるだなんて、そんなわけはない。

保阪　論理が間違っているんですよ。戦争が良いとか悪いとか、簡単に言えることではない。

ただ、太平洋戦争について言えば、少なくとも、日本の側には言い訳のしようのない悪い面があったのは事実なんです。

二〇世紀の戦争には、それ以前の戦争への反省から、国際社会が合意していたルールがあった。ところが、太平洋戦争では日本は、そのルールの基本的な枠組みを守らなかった。開戦の通告をすること、捕虜を残虐に扱わないことなど、日本は悉《ことごと》くルールを破りました。それは反省しなければならない。

ただし、それを踏まえた上で、大量殺傷破壊行為については、アメリカのなしたことへの批判も行うべきでしょう。それを正面からやっていないから、裏でいつまでもブツブツと文句を言う形になっている。不満がくすぶって、国家ナショナリズムに利用されてしまうんです。

でも、アメリカの行為を批判するのならば、その前にまず、日本の行ってきたことを徹底的に自己批判する必要があります。開戦前に数々行った国策の誤り、軍部の無責任な姿勢、ルール破りなど、きちんと反省する。それを実行してから、アメリカの批判をするのが筋《すじ》というものです。

「我々は、かつて、数々の誤りを犯しました。それを反省し、二度と繰り返さない努力をするつもりです。さはさりながら、我々にも、かつてあなた方のしたことについて、少々言い分があるのですが、聞くべきではありませんか」

こうした態度をとらないと、国際社会に言い分が届くわけがありませんよ。

■日本のタカ派的言動は中国軍部に利用されるだけ

半藤　さらにいけないのは、権力グループが、「アメリカのしたことがセーフなら、日本のしたこともセーフだ」という自己流の史観を利用して、一般の人々のナショナリズムをかきたてて、自分たちの政策を推進しようとしていることなんです。

これは非常に良くない。

もっとも、習近平《しゅうきんぺい》だってやっていることは同じことなのかもしれない。けれど、非常に良くないことをしているという自覚を、持ってもらわなければいけない。

もう一つ困ったことには、現在の日本人には、相手に対してタフな男だと見せかける政治家が良いと思う風潮があることなんです。

今の日本全体に流れている空気を見ると、タフな人間、相手に屈しない人間がリーダーとして相応《ふさわ》しいんだという思い込みがある。

例えば、今、日本は非常な危機に直面しているから、軍隊を持たなければおかしい。こういう論理があります。また、単に専守防衛するだけでは、日本がやられてしまうという論理もある。

しかも、残念ながら、日本がそういう空気になるのは仕方がないところもあり、タフさを演出する人を論破するのが難しくなっているんです。

現在、日本では平和が目的になっておらず、単に、平和とは退屈な現実だと思われています。平和が大きな目標であり、これを守るにはもの凄い努力が要ると私は思っていますが、日本の大勢を占める空気では、平和は退屈で面白くないものにすぎないんですね。

私たちは、戦争も戦後の混乱期も体験しながら生きてきましたから、平和の重要さもこれを守る大変さもよくわかります。けれど、今の若い人にとっては、平和というものは、実体のない、もやもやっとした目に見えない抽象的な概念でしかない。

だから、「平和なんて信用が置けない。いつよその国から攻められるのかわからない。

だから、俺たちには今、強いリーダーが必要なんだ」という論理を信じるんですね。
これを論破するのは、なかなか難しい。

保阪　でも、日本の政治家のタカ派的な言動は、現実的にはかえって中国上層部の思うツボにはまっていますよ。

例えば、中国と日本の歴史研究者の対話で、中国側の研究者が密《ひそ》かに言っていました。「石原慎太郎氏を首相にしないでください」

僕は不審に思って、「それは内政干渉でしょう」と批判した。すると、「違うんですよ。実は……」と、声を潜《ひそ》めて、こんな話をしたんですね。

中国には、石原首相の誕生を待っている人たちがいる。例えば、中国軍の一部勢力だ。彼らは石原氏のタカ派的な言動を捉えて、「ほら、やっぱり日本は危険だ」と言い立て、軍備拡張や、強硬な軍事行動の口実にしようとしている。

尖閣の問題を見ていると、彼の言うことは事実だったと思いましたね。

石原氏が、尖閣を都の所有にすると言い出した。そこから始まる日本側の動きは、全て、上手く中国の軍部に利用されてしまったんですよ。何もしないで静かに実効支配を続けているのが、いちばん日本の国益に適っていたのではないでしょうか。この点、野中広務《ひろむ》さんなどが言ってるとおりです。

日本で、ナショナリストのような顔をした人が声高に、タカ派的な言動や、歴史修正的な発言をすると、中国の国家ナショナリズムを巧みに助けているんです。僕たちは、そのことを知っておかなければならない。

相手の感情的な非難に、こちらも感情的になって反発するのは、ナショナリズムでもなんでもない。相手の国家的な意図に、ただ利用されるだけなんです。

半藤 ナショナリズムで感情的になればなるほど、相手を強固なものにする、ということは、実は歴史の教訓なんですがね。

■右翼だけでなく左翼とも戦わねばならない

保阪 僕の考えでは、今の憲法を「平和憲法」と呼び、市民運動などでやたらに「平和団体」を呼号する、これまでの左翼風のやり方をやめるべきだと思うんです。前にも言いましたが、今の憲法は決して平和憲法ではない、非軍事憲法に過ぎないんですよね。それなのに、「平和憲法」と呼び、「平和憲法を守ろう」などと言ってしまうと、いきなり、大した努力もしないで平和が達成されたような錯覚が生まれる。

そういう左翼の論理が、現在では完全に崩壊しているんですよ。

歴史修正主義者などはそこを突いて来ている。平和でもない現状を「平和」と左翼が言い続けてきたことを捉えて、「机上の空論だ」、「非現実的な理想論だ」と言って、歴史修正主義者があの戦争の擁護論を展開するのに利用されてしまうんです。

さらに言えば、もし今の憲法を平和憲法ではなく非軍事憲法だと認識すると、憲法改正についても論じやすくなります。戦争を可能にする改正とは逆に、非軍事憲法を本物の平和憲法に近づける方向に変える議論もできるようになるからです。

ところが、今の憲法を「平和」という名で呼んでしまうと、憲法改正は平和を捨てることしか意味しなくなり、頭から反対するしかなくなる。

すると、戦後レジームの、古くなってしまってもう変えたほうがいい側面さえも、変えることができなくなるんですよ。

例えば、真の平和状態を目指してアジアの国々と条約を結ぶとする。現行憲法では、条約を結ぶ内閣総理大臣は形式とはいえ天皇によって任命される。そのとき、「かつてアジアを侵略した責任者である天皇の名の下に、平和条約は結べない。天皇制を廃止しろ」という声が上がる可能性がないとは言えない。

つまり、積極的に平和へと踏み込もうとすると、結果として天皇制の存続問題になってしまい、陛下にご迷惑をかける可能性がある。だから、天皇制は憲法とは別に存在させるべきだという改正だってあり得るんです。

ところが、現在の憲法を「平和憲法」だと言ってしまうと、そうした改正論議も出来なくなってしまうんです。

安易に「平和」という言葉を使ってきた左翼の怠慢さ、傲慢さが、現在の平和不信という空気をもたらした面は予想外に大きいと思う。これは安倍政権の動きと見事なほど相関関係にある。

だから、現在の状況をなんとかしようとすると、右翼と左翼、両方を批判しなければならないと思うんです。

半藤　私たちは、両方を相手に戦わなければならないわけですね（笑）。

■空虚な言を弄する権力者のナショナリズムに惑わされるな

半藤　経済的に苦しい人には、「平和」を口にする人間は、良い地位にいて生活も安定しているから、そんなことを言っていられるんだと見えるのでしょう。

また、経済的に中位の人には、左翼の言い草は「文句を言わずに低所得者を助けろ」と言っているように聞こえているんでしょうね。

「貧困層救済のためにおまえたちも少し損をしろ」と言われているような気がするから、「そんなのごめんだ」ということになる。

保阪　確かに経済的な閉塞感が、ナショナリズムを受け入れやすくしている面はあります。

東西冷戦体制の頃には、自由主義経済と社会主義経済の対立がありました。しかし、今では自由主義経済だけになり、強い者だけが勝つ世界になった。そのなかで、日本の企業にも閉塞感、息苦しさがあるんです。非正規雇用ばかり増えたのも、そうした閉塞感の表れですね。

そうした鬱憤《うっぷん》のはけ口というか、逃げ道が、ナショナリズムだという気がします。

半藤　今の話を聞いていて思ったのは、安倍さんだけではなく、あるレベル以上の今の日本の政治家は、そうした閉塞感を利用しているということですね。

つまり、国家の運営も株式会社と同じに考えるんですね。常に期末決算を大事にする。日本にとって得か損かという見方をして、ナショナリズム的に煽《あお》る。

だから、日米安保ではアメリカへ顔を向けながら、歴史観ではアメリカに背《そむ》き、北方領土ではロシアに近づいたりもする。損得計算のナショナリズムだから、アメリカとの関係だけ見ても、安倍首相がどちらを向いているのかわからない状況です。

保阪　安倍さんは、歴史、経済、軍事で、統一した一つの顔を持てないでいるんですよ。多分、彼にとってのナショナリズムとは何か、混乱しているのだと思いますけれどね。国策の基準が曖昧《あいまい》なんです。

半藤　彼にとってナショナリズムは利用するための道具であり、中身を問われると、自分でもわからなくなっているんじゃないですか。

保阪　特定の考え方に振り回される人は、だいたい、己《おのれ》がないんですよ。自立していないから、国とか会社とか地域共同体などに自分を仮託しないと、存在を確認できないんです。

つまり、ナショナリズムを利用して生きようという姿勢なんですね。これは、自己を持たない弱い日本人の態度だと思う。

下部構造の伝統的な生活規範や倫理は、利用するのではなく守るべきなんだと、僕は言っているんです。

弱い日本人は、日本という国家に守られている自分を意識しますが、自立する日本人はそうではないと思うんですよ。もし、日本という国家が自分と相反する道を歩もうとするならば、強い日本人は断固、拒否しますし、伝統を守れとの選択をすることができるはずなんです。

闇雲《やみくも》に国家に従うのではなく、しっかりとした自我を持った日本人であってこそ、初めて真のナショナリズムを持つことができると、僕は思います。

戦前の日本のナショナリズムは、「日本が世界で一番良い国」と信じることで成り立っていました。そして、当時の日本人には、「本当にそうだろうか」と自問することは、許されませんでした。自己を持たない弱い日本人として生きるしかなかったんです。

けれど、これからの我々は、自立する強い日本人として生き、ナショナリズムを国家の側ではなく、自分の側に取り入れて生きるべきじゃないでしょうか。

■ナショナリズムの対立は、いずれ皆殺しの戦争へと向かいかねない

半藤　確かにナショナリズムは非常に大切なものです。そして歴史上、今日ほど理念というか哲学というか、人間存在の意義を問う根本理念の弱まっているときはない。ですから、ナショナリズムが今や世界や人間を支配しつつある。ナショナリズムを超える理念がちょっと見当たらないのですね。

けれども、これが国家によって利用されてしまうと、どうしようもない。国家、政府は意図的にある種の敵を作り、それをガンガン非難することで政治的な求心力を作り上げるんです。

また、政府に煽られると乗りやすい人が山ほどいるんですよ。今の日本には、不安感が至る所にありますからね。低成長だって不安、少子化だって不安、そこへ周辺の国がいつ敵になって攻めてくるかわからないと煽られると、これも不安になってくる。

保阪　日本だけでなく、ナショナリズムが、確かに世界的に台頭しつつありますよね。ウクライナ、中国、ベトナム、さらにEU諸国でも右派が勢いづいている。

東西冷戦で、自由主義と社会主義とに世界が分かれて対立していた頃、その枠組みは

思想の対立で、それがナショナリズムの骨格でもあった。ところが、その対立が解消した後のナショナリズムは、民族と宗教の対立となりました。そして、現代ではそれらに加え、領土問題がナショナリズムの対立として、乗っかってきたんですね。

ここで中世史を思い出さなければならない。民族と宗教の対立は、言わば人間の地肌を剝き出しにした争いです。十字軍にせよ、キリスト教の宗教戦争にせよ、その種の戦争は、相手を抹殺しようとする方向へと向かってしまいました。そのことは中世の歴史が示している事実です。今また、領土問題に端を発し、ナショナリズムの衝突で戦争になってしまえばどうなるか。皆殺しの戦争になりますよ。

一九世紀、二〇世紀の戦争は帝国主義の戦争でした。帝国主義の本質は市場の争奪でしたから、戦争になっても皆殺しまではやらなかった。

しかし、今、世界でナショナリズムが不気味に盛り上がっているのを見ると、その先に起こる事態を想像したとき、ゾッとします。ナショナリズムがぶつかったまま戦争になれば、相手を抹殺しようなんて思い込みかねないんです。だから、安易に政治目的でナショナリズムをかきたてて、戦争と結びつけるようなことを考えてはいけない。

半藤　おっしゃるとおりなんですが、現在、表面に出ている現象だけを捉えれば、非常に危険な方向へと向かっています。いまにも偶発的に戦争が起こりそうに見える。戦争は天から降ってくるものではない。われわれ人間が錯覚や誤判断や、相手にたいする恐怖心からつくりだすものです。

皆が、現実の不安と将来への未知数の不安に取り巻かれていて、ナショナリストのような顔で仮想敵を作り、これを叩くことで溜飲《りゅういん》を下げる、安心する。こういう形で、現在の政治が行われている。間違いなく危険です。

保阪　この政治の行きつく先は、自己警護という名の戦争ですよ。

半藤　いかに止めるか、非常に難しい。口で言ってもわからないですから。「自衛」という名目がありさえすれば、なんだか全てが許されそうな空気が充満していますしね。

■遅すぎた「近代の超克」の教訓、戯れに愛国を商売にするな

保阪　現在の状況を作ってしまったことについて、反省すべきことは多いですね。繰り返しますが「非軍事」を意味するに過ぎない憲法を「平和」と呼んでしまった怠慢と傲慢、自分たちの被害しか想起せず加害者であることを反省しなかった「イヤだイヤだ反戦」のエゴイズム、これらが肚《はら》に一物《いちもつ》ある人々に利用されている。

彼らの身勝手なナショナリズムを煽らせる隙を生んだと何度でも言っておきたいです。

半藤　ただ、残念ながら、生じてしまったナショナリズムで興奮する気運を、鎮《しず》めるというか収めるのは難しいですよ。

保阪　当然のことながら、まず、ものを考えることから始めるしかないでしょう。それから、国際関係の三つのベクトルのうち、中間にあるB層のベクトル（一九七頁参照）をもっと拡大するべきです。良識を持って冷静に、互いのナショナリズムを理解し合う努力を重ねていくしか、対立を避ける方法はない。

そして、B層のナショナリズムの立場から、怪しい意図を持って煽っているA層のベクトルと、さして考えずに煽られるままになっているC層のベクトルに向かって、こう言うべきなんです。

「あなたの言っていること、やっていることは、歴史の教訓や智恵に背いている」

こうした努力を、B層の我々はやらなくてはならないと思う。

結局、思い出すのは、太平洋戦争中に行われた、「近代の超克《ちょうこく》」という対談なんです。

半藤　昭和一七年（一九四二年）のことですね。

保阪　文藝春秋社の『文學界』（昭和一七年九月号、一〇月号）誌上でした。小林秀雄、亀井勝一郎など、当時のインテリが集まって、戦時でありながら戦争について内省している。あの時代、あの戦争の意味について考え、近代を超克するものを持たなければいけないと言っています。

彼らが出した、「近代の帝国主義を克服しなければいけない」という結論は正しかった。けれど、昭和一七年当時、既に日本は、第二次世界大戦の当事国として、帝国主義の戦争をしている真っ最中だったんです。この対談以前には、本格的に時代思想を批判していなかった。本質を論じることを怠っていたんです。

つまり、メディアも知識人も、きちんと時代を論じるのが、あまりにも遅すぎたんです。

今度は、手遅れになってはいけない。

少なくとも、我々や編集者を含めたマスメディアの人間が肝に銘じておかなければいけないのは、決して、戯《たわむ》れに愛国者になってはならないということです。

戯れに、読者を愛国的に唆《そそのか》したり、自称愛国者をおだてたりしてはならない。そのような論調を、戯れに商売にしてはならないんです。

半藤　おっしゃるとおりですが、残念ながら、戯れに商売しているメディアの人間が多いですな。本人は我こそは愛国者と思っているかもしれない。

今ふと、勝海舟《かいしゅう》のいい言葉が浮かんできました。「忠義の士というものがあって、国をつぶすのだよ」というのですが、至言と言えるんじゃないですか。われこそ愛国者と思っている人ほど危い考え方をしている。

■昭和史の教訓——焦って急激な改革はしないほうがいい

保阪　危険な国家ナショナリズムに抵抗することを、僕ら庶民は諦《あきら》めるべきではない。半藤さんも僕も高齢者です。ついこの間まで、僕は、「もう死んでもいいかな」と思っていました。

けれど、最近、「死ねない」と思うようになった。児孫《じそん》のために死ねないと考えるようになった。

冗談じゃない。このままでは、なんのために戦後六九年があったのかわからない。我々の歩んだ道が、こんなに簡単に乱暴な論理で否定されていいのか。

つまり、戦後に皆が努力してきたこと全てを、今になって、安易なナショナリズムで否定されちゃ、たまらないということですよ。

半藤　日本という国は、かなり優れた良い国だと思うんです。文化的にも伝統的にもね。これはもう少し、自信を持っていい。そしてそうした国を愛するのはいい。いわゆる愛国心というものです。それは尊い。

しかし、改革という名のもとに急な変化を求めて、この国の伝統的な穏健なあり方を引っくり返すようなことをしてはいけないと思うんですよ。

極端な変化を避けて、少しずつ少しずつ前に進んでいく。これが本当の保守主義です。その意味で、私は保守主義者なんですよ。

憲法というものが、なぜあるのか。

どう見ても人間は自分勝手で不完全な生き物で、往々にして暴走しやすい。そして国家権力は自分の無謬《むびゅう》性を疑わなくなることがある。自分の正義しか信じなくなる。それは歴史が示しています。

その国家権力の暴走に対する歯止めとして、憲法があるんです。だから、憲法を改革するのなら、漸進《ぜんしん》的に少しずつやっていくべきなんですね。

結局、太平洋戦争の教訓はこれなんです。

何か勇ましそうに見える急激な改革はしないほうがいい。「バスに乗り遅れるな」などという合言葉で、いけいけどんどんと、改革をしてはいけないという教訓なんです。これが、後世へと私たちの伝えるべき英知、守るべき英知なんですよ。

■敗戦のとき、日本のナショナリズムはもうなかった

半藤　情けない話、敗戦のときに日本人は全員がぺしゃんこになって、民族を基盤とする新しい統一国家を追求しようというナショナリズムさえ、失ってしまったんです。

あのときもう少ししっかりして、自分たちの国民主義的なナショナリズムを保つ気概があれば、その後の日本も随分と違った道筋を辿り、もっと良い国になったと思います。ただ、そんなことを言うのは、歴史解釈に過ぎないんです。現実には、あんな酷《ひど》い戦争をやり、あれだけコテンパンにやられてしまっては、あそこからもう一遍、新たな国づくりをやろうという意欲は、起こるべくもなかったなとも思います。

敗戦のとき、日本の大人たちは啞然《あぜん》とするほど豹変しました。昨日まで、鬼畜米英《きちくべいえい》だ、一億特攻だと旗を振っていた人たちが、たちまち、これからの日本は民主主義だと言い始めたんです。

今の時点から眺めて、あのときこそ日本の国民主義的なナショナリズムを鼓舞すべきだったと口で言うのは簡単です。今、私もそう強調しました。でも、私は敗戦の現実を目にしていますから、残念ながら実際には不可能だったんだろうなと思いますがね。

日本人は民族が始まって以来、敗戦を経験したことがなかった。そのショックは大きかったですし、現実をありていに言えば、食うのにも困っていましたからね。

保阪　結局、「衣食住が足りてこそ、ナショナリズムがある」という選択を、日本はしたんです。

半藤　そうです、残念ながら。とにかく、食うほうが先でした。

保阪 あの戦争の末期には、たとえ生活に困っていてもナショナリズムはあるんだと示した人は、ほとんどいなかったでしょう。僕の言う下部構造のナショナリズムは壊滅していたんです。衣食住という生活の条件は、自分たちの今の問題ですから、無理もない。

しかし、長い目で考えるのならば、ナショナリズムとは自分たちの子孫に遺す精神的な財産であり、こちらも大切なんです。実際、自分たちのナショナリズムを衣食住よりも重要だと考える人は、戦争の途中にもいたと思うんです。

例えば、僕はかつての学徒兵（注①）を取材していて、様々な話を聞いています。「世界の近代史を見れば、この戦争はいつか起こるという意味で不可避だった。それならば、我々の世代が戦争に行こう。いつ戦争をしても、必ず誰かが死ぬ。子孫のためを思えば仕方がない、我々が運命を受け入れて、死の危険を引き受けよう」

こんな思いだったと、学徒兵だった人から聞いたことがあるんですよ。

別に、日本民族を至上だと考えたわけでも、日本をアジアの盟主にしようとしたのでもなければ、個人は国家に奉仕すべきだと信じ込んでいたのでもなかった。ただ、子や孫の世代を死なせるよりは、自分の世代が死ぬほうがマシだとだけ思って、戦争に行った人たちがいたんですね。

この心こそが、真の日本人の庶民ナショナリズムの姿だと思います。

半藤　戦前、戦中に国民主義的なナショナリズムという言葉はありませんでしたが、国家主義、国粋《こくすい》主義的な思想を強制されていました。それに反発する心はあったでしょうね。国家のために死ぬのはごめんだと。権力者のために死ぬのは真《ま》っ平《ぴら》だと。

保阪　勇ましい掛け声はやめてくれよとね。

半藤　「八紘一宇《はっこういちう》」なんてもういいよと。

保阪　集団的自衛権を認めるべきだと言う人は、多分、国家のために地球の果てまで戦争をしに行くべきだというのを、ナショナリズムだと考えているんでしょう。でも、太平洋戦争のとき、国家のためではなく、子や孫の世代に迷惑をかけたくないという気持ちだけで、仕方なく戦争へ行った人々なら、きっと、こう言いますよ。「あなた、何を考えているの。発想が違うでしょう」

こちらこそ、日本の庶民ナショナリズムの原点だと、思いますけれどね。

半藤　ただ、敗戦のあの時点では、日本にはナショナリズムのエネルギーは、もう残っていなかったんです。

腹を切った軍人はたくさんいましたけれど、ほとんどは申し訳ないという気持ちだった。国民に詫びた人もいますし、天皇陛下に詫びた人もいる。でも、あれはナショナリズムとはちょっと違う。責任を取りたいという、人間のモラルの問題だった。

太平洋戦争に敗けたとき、日本人の心にあったのは生活の立て直しだけで、自分たちの本当の国民主義的なナショナリズムに思いを致す余裕がなかった。新しい国家づくり、どんな国家を作ったらいいかを追求するナショナリズム、その力も熱情もなかったのが事実なんです。つまり、虚脱していた。

今の日本のナショナリズムの歪みを思うと、そのことが本当に残念です。

■復讐戦を放棄した戦後六九年こそ、誇るべきナショナリズム

保阪　憲法九条を変えることがナショナリズムだと今は思われているけれど、この条文はアメリカに押し付けられたわけではなく、日本にも同じ発想があった。これをせめて一〇〇年守ることこそ、この国のナショナリズムではないかと僕は思います。歴代の自民党政権だって、憲法九条の枠組みのなかで、国益というものを求めるように調整してきたんです。
ところが、今の内閣はその調整を放棄している。
半藤　国益ということで言えば、少なくとも戦後一貫して、日本は戦場で人を殺さない国だと世界に知らしめてきたわけです。そのために国民は努力に努力を重ねてきた。大げさでなく、これは世界のなかで日本人に対する信頼感につながっていますよ。この

世界の信頼感は、凄い国益だと思うんです。

それは憲法九条を必死の思いで守ってきたから生まれた信頼感であり、信用なんです。この事実を誇ることこそ、ナショナリズムですよ。

保阪　例えば、国際司法裁判所（注②）の人たちは、そのこと自体で、私たちを評価してくれていると聞きます。なぜなら、日本が戦争に敗れたことの復讐《ふくしゅう》を放棄したからですよ。

第一次世界大戦が一九一八年（大正七年）に終わり、第二次世界大戦が一九三九年（昭和一四年）に始まります。この間の二一年は戦争の狭間だったわけですが、この期間に生まれた思想は軍事的復讐でした。ドイツにヒトラーが現れ、第一次大戦でドイツが敗れた復讐の思想を国民に広めていったんですね。

戦間期には、復讐の気持ちが現れるものなんです。例えば、日露戦争後、日本はロシアを仮想敵国にしていました。そしてその復讐に脅《おび》えました。第一次大戦では、ドイツは敗戦国だったから、戦勝国は復讐されることを想定していたんです。

ところが、第二次大戦に敗れた日本は、一度も戦争をしなかった。戦間期に復讐という思想を一切持たなかった。戦後六九年は戦間期を持たない六九年なんです。

それで、世界中から大きく評価され、信用を得ているんです。一種のブランド価値、国としての大きな資産と言ってもいいのではないでしょうか。

だから、戦争の放棄は、誇るべきナショナリズムの理想形だと僕は思うんですよ。ただ、日本が戦争をしなかった大きな原因は、憲法九条があったことに加えて、庶民ナショナリズムを大切にしてきたからで、これが盾になっている。

半藤　そうなんです。

集団的自衛権なんて、「自衛」という言葉が入るから皆が錯覚していますが、あれは自衛でもなんでもありません。内田樹《たつる》さん（注③）の言葉を借りれば、集団的自衛権とは、「他人のケンカを買って出る権利」なんですよ。

他人とは誰かと言えば、もちろんアメリカのことです。アメリカの国益のために、日本人がケンカを買って出て、人を殺したり殺されたりする必要はまったくない。それこそ、戦後七〇年近くで築いてきた国際的信頼という最大の国益を失うわけです。日米安保で日本はアメリカに守られてきたのだからとか、尖閣を守ってもらうためには仕方がないとか、そうした論理は間違いだと思いますよ。集団的自衛権が大きな抑止力になると安倍首相は言いますが、そういう形での抑止力はリスクを増大させます。いっそう危険になります。

日本は一方的に安保で恩恵をこうむっているわけではない。日本の領土内にアメリカの基地をたくさん貸し出しているんだし、莫大な思いやり予算（注④）も出しています。沖縄の人たちの戦後七〇年近い苦悩や苦痛は、なんのためなのか。それを日本人はみんながら考えなければいけない。

国際間の条約は、個人の友情とは違います。国益をお互いに出し合っているんです。日米安保条約も同じで、現在でも日本は、アメリカにちゃんと対価として国益を出しているんです。

堂々と、アメリカ軍に働いてもらって何も悪くはないんです。若い人はここを勘違いしてはいけないと思いますよ。

■昭和の戦争を検証せずに軍拡を叫ぶのは、本物のナショナリストではない

保阪　僕がこれまで会ったなかで畏敬の念を覚えている人物を挙げると、後藤田《ごとうだ》正晴《まさはる》、伊藤昌哉《まさや》（注⑤）、堀栄三（注⑥）になります。この三人はいずれも保守主義者で、本物のナショナリストだったと思いますが、彼らの言っていることは共通していました。

もし、日本が再軍備を考えるのならば、その前に、先の戦争について猛勉強しなければならない。もう一度、同じことを繰り返さないように徹底的に検証せずして、再軍備など考えてはいけない。

これが本物の保守主義者の取るべき態度であり、ナショナリストとしての真摯《しんし》な答えだと、僕は思うんですよ。

戦前へのなんの反省もなしに、声高に「強い軍隊を持て」だの、「戦争できるようにしろ」だのと叫ぶ連中を、真のナショナリストとは認められませんよね。

半藤　今の話をお聞きしていて、突然、思い出しました。

開戦直前の一一月二日の大本営政府連絡会議のことです。賀屋《かや》興宣《おきのり》（注⑦）蔵相や東郷茂徳《しげのり》（注⑧）外相が、アメリカが戦争をしかけてくるはずはない、今、戦争を決意する必要はないと、さかんに反対論を述べるのに、永野修身《おさみ》（注⑨）軍令部総長が怒鳴りつけるように言うんですよ。

「来たらざるを恃《たの》むことなかれ、という言葉もある。先のことは一切不明だ、安心はできないのだ。三年たてば南の防衛（米英蘭の防備）は強くなる。敵艦も増える」

そこで賀屋が「では、いつ戦争をしたら勝てるというのか」と聞くと、永野が叫んだ。

「今！　戦機は後には来ない。今がチャンスだ」

これで戦争に闇雲に突入していったんですよ。

いつでも破局への運動というのは人々を誘惑するんですよね。軟弱を唱える者には「それでは日本が成り立たない」と脅迫し、そして破滅がさらに組織化される。早い話が、破滅への欲求が暴力となる。

歴史はそのことを教えてくれているんですがね。

保阪　同感です。日中戦争、太平洋戦争と、昭和の戦争には反省すべきところは多いんです。特に、あの頃の軍部の無責任さ、卑怯《ひきょう》さは徹底的に検証しなければならない。

軍事指導者は、独得の死生観を持っています。

当時の陸軍指導部の軍人が、昭和四〇年代に取材の折りに、僕に言いましたよ。

「君には息子がいるのか。もし、もう一度戦争になって、息子を死なせたくなかったら、陸大（陸軍大学校）に入れることだよ。私の同期は五〇数人いたが戦争で死んだのは四人だけだ。死んだのは玉砕地《ぎょくさいち》の司令官だったからこれは不運だよ。ほかの者は誰も死んでいない。君の息子も、ぜひ、軍事機構の最高教育機関に入れるんだね」

僕は情けなくなりました。腹が立って仕方がありませんでしたよ。こんな卑怯な連中があの戦争をやったのかとね。庶民の息子が死んでも、自分の息子が死なないのなら構わないと考えていたなんて、許せないと思った。

子供を亡くす親の悲しみに、エリートも庶民も、違いなんかあるわけがない。その気持ちをわかった上で、自分の身を斬る思いで踏み切った戦争じゃなかったのか。庶民だけ犠牲にするつもりの戦争だったのか。

イギリスなどは、王室などの人間が戦場に行きますから、戦死者も出ています。上も下も公平に、犠牲を覚悟します。だから、国民も戦争に納得するんです。

日本でも、もっと以前はそうでした。日露戦争では司令官だった乃木希典《のぎまれすけ》大将が自分の息子を戦場へ送り、二人も亡くしているんです。

上も下もなく犠牲を払う覚悟で、やむを得ずにした戦争だと思ったから、当時の庶民が渋々、「仕方がない」と納得したんです。

しかし、昭和の戦争は違った。無責任な軍部が身勝手に、しかも計画性なく主導した、本当にだらしのない戦争だったんです。あの戦争を美化するなんて、もってのほかです。昭和の戦争を擁護する人たちが、また、集団的自衛権なんて言い出して、戦争をできるようにしたがっていますが、見ていてごらんなさい。

必ず、また無責任なことをしますよ。自分や自分の子供たちだけは安全なところにいて、庶民だけに血を流させることになるでしょう。国家の都合で、安易に戦争を始めて、必要もなかった犠牲を、庶民に払わせるつもりかと言いたくなります。

半藤　安倍晋三というポピュリスト政治家は、どうもわざわざ敵を作り、それを断固として非難することが、己を支持させるための最大の求心力となると、そう考えているようですね。自分がそれに陶酔できるようなストーリーを作り、それに沿って国民に訴える。それを国民は、「安倍さんは信念を持ってやっているんだ」と誤解して支持する。頼りになる政治家と思っている。

実は、なんだかブレーンからヒトラーのやり口を教えられて、それを手本にしているだけの頭の悪い人の気がしてなりませんがね。誰か、周辺に凄い知恵者がいるんでしょうね。この人たちは権力というものを研究している。ウカウカしていられません。

■庶民の健全なナショナリズムこそが日本を救う

保阪　同感ですね。そういう人たちの顔がまだよく見えてきませんね。

昭和の戦争では、昭和八年（一九三三年）くらいから国民は軍部に煽られていきます。そして、国の全体がどんどんと軍国化していく。煽られたナショナリズムは、ファシズムに転化しやすく、国民のなかに一種の恍惚《こうこつ》感が生じてくるんです。恍惚感に浸ってバランスを欠き、なんでもやってしまうような危うさを持っていたんですね。

戦後にはそれがなかったから、良かったんですよ。政治もナショナリズムをずっと煽りませんでしたしね。ところが、今、政治がナショナリズムを煽っている。国民が乗せられそうになっている。煽るのはだれか、ですよ。

その理由は、多分、日本が戦後六九年続けてきた理性的な言動や自制的な態度に、皆が飽きてきたからなんだと思う。

戦後日本の歩みというのは、一種の歴史的な実験だったんですよ。

クラウゼヴィッツ（注⑩）が言うように、「戦争は政治の延長」なんです。どの国も他国との付き合いの上で、国際政治の選択肢として戦争を考えています。

ところが、日本の戦後政治では、戦争という選択肢を捨てていた。戦争を捨てて、外交努力だけで国際関係を構築してきたんです。これは歴史上、初の試みです。だから、そのこと自体が既に、他国にとっては驚異であり、尊敬すべきこととして評価されているんですね。

日本の自称ナショナリストたちは、「軍隊を海外へ出せないから日本はバカにされている」とか、「戦争をできないから日本は他国からナメられている」と思っているらしい。

でも、それは逆ですよ。むしろ、戦争という選択肢を捨てた日本は、国際的に大きな評価を得ているんですからね。

半藤　何度でも繰り返しますが、それこそがいまの日本の最高の国益なんです。他人のケンカを買って出て最高の国益を投げ棄てるなんて、まともな人間の考えることではありません。

保阪　そうですよ。ただ通常の「戦争という選択肢を持つ政治」に戻るというなら、その前に、二つのことを考えてほしいんです。

一つは、本当に、戦後築き上げてきた国際的な評価を捨てても惜しくないのかと、真剣に自問することです。それほどまでに、今の日本は苦境に立っているのかと、もう一度問うべきなんです。戦争を選択肢とする国に戻ったほうが、隣国との関係は良くなるのか、きちんと考えてほしいんですよ。

単に、戦後のやり方に飽きたというだけなら、考え直したほうがいい。僕は、むしろ、戦争を選択肢とする国に戻るほうが、隣国との関係で日本は不利になると思う。

なぜならば中国では、日本の軍事増強を喜ぶ人々がいるからです。中国の軍部には、日本脅威論を煽り立てることで、自分たちの勢力拡大を図っている人たちがいるんですよ。

反日デモなんか、大多数の中国人にとって、さほど本気だとは思われない。ほとんどの人はかつての日本にされたことを教育で知っており、なおかつ、現在の日本人を知らないだけなんです。

中国の調査が示しているように、直接に今の日本人を知っている中国人の九割が、日本を好きになっているんですから、民間の交流を深めることで関係は改善できるんです。冷静に見たほうがいい。

韓国に対しても同じです。彼らのナショナリズムを冷静に見なければならない。彼らが言いたいのは、かつての日本への抗議です。今の日本が昔のようになることを恐れているだけです。日本と戦争をしたいなどと思っている国民はほとんどいませんよ。

それなのに、日本が「戦争をできる国」に戻ると決めればどうなるか。彼らの不安がもっとエスカレートするのは明らかです。両国関係は緊張した事態になりかねない。

僕には、戦後築いてきた国際評価を捨ててまで、今の日本が「戦争をできる国」に戻る理由はないと思えるんです。

もう一つ、ぜひ考えてほしいのは、今の日本に「戦争できる国」に戻る準備があるのかということです。

集団的自衛権を認めようとしている今の政府に、昭和の戦争を繰り返さないだけの能力と資格があるとは、到底、思えません。昭和の戦争を徹底的に研究し反省しなければ、もう一度、あの無責任な戦争が繰り返されます。

このまま憲法解釈を内閣が勝手に変えて、もし日本が戦争をすれば、犠牲になるのは、やはり庶民なんです。

いわば庶民ナショナリズム、僕の言う下部構造（三一頁参照）ですが、このナショナリズムを大切にすべきだと思う。そして、戦後六九年間、戦争をしないと決めて国際政治を乗り切ってきた事実にこそ、日本人の庶民ナショナリズムが活かされていたと思う。

権力者に煽られて、庶民のナショナリズムを国家ナショナリズムに利用されてはいけないんです。逆に、庶民の感覚で、国家に向けて、こう声を上げるべきです。

「他国の人々の気持ちを考え、尊重して進もうとすることが、俺たちのナショナリズムだ。今さら、上からの押し付けで、国益に個人が奉仕する国になってたまるか。

集団的自衛権を突破口にして、俺たちのナショナリズムを愚《ぐ》弄《ろう》する気か」

この言が、かつての過ちを繰り返さないために必要なことだと、僕は確信しています。

■大正の論客が教える、戦争を絶滅するための法律

半藤 もうまったく同感で、それ以上付け加えることはないんですが、ま、蛇足となるのを承知で、集団的自衛権が閣議決定をして「戦争のできる普通の国」となった今、こんな法律を作ったらどうか、という意味で、その昔、中野好夫（注⑪）さんから教えられた長谷川如是閑《にょぜかん》（注⑫）の昭和四年（一九二九年）に書いたというエッセイをご紹介することにします。

題して、「戦争絶滅受合《うけあい》法案」というものです。

デンマークのホルム大将なる人の起草した法案だと如是閑は言うんですが、ずいぶん丁寧に調べてみてもそんな大将なんて実在しない。いかにも如是閑らしい戯文《ぎぶん》だと思う。

以下、法案の内容です。

「戦争行為の開始後又は宣戦布告の効力を生じたる後、十時間以内に次の処置をとるべきこと。

即ち左の各項に該当する者を最下級の兵卒として召集し、出来るだけ早くこれを最前線に送り、敵の砲火の下に実戦に従はしむべし。

一、国家の××〔元首〕。但《ただ》し△△〔君主〕たると大統領たるとを問はず。尤《もつと》も男子たること。
二、国家の××〔元首〕の男性の親族にして十六歳に達せる者。
三、総理大臣、及び各国務大臣、并《ならび》に次官。
四、国民によつて選出されたる立法部の男性の代議士。但《ただ》し戦争に反対の投票を為したる者は之を除く。
五、キリスト教又は他の寺院の僧正、管長、其他《そのた》の高僧にして公然戦争に反対せざりし者。

上記の有資格者は、戦争継続中、兵卒として召集さるべきものにして、本人の年齢、健康状態等を斟酌《しんしやく》すべからず。但し健康状態に就ては召集後軍医官の検査を受けしむべし。

上記の有資格者の妻、娘、姉妹等は、戦争継続中、看護婦又は使役婦として召集し、最も砲火に接近したる野戦病院に勤務せしむべし。」

（『長谷川如是閑集　第二巻』岩波書店より）

中野さんがこれを私に示しながら、「これなら確かに戦争は起こるまいと思うが、死の商人や軍需産業の大物が抜けているのが、ちょっと遺憾だがね」と笑っていました。

こんな会話をして笑っていられたのは、憲法第九条が厳然として存在していた頃だからなんです。今、その九条も空洞化してしまった。もうこうなったら、真剣にこうした法案を作るのを考えなくてはなりませんな。冗談でなしに。
本当に、イヤな時代になりました。

注① **【学徒兵】** 太平洋戦争末期の昭和一八年（一九四三年）に、兵力不足を補うため、高等教育機関に在籍する二〇歳以上の学生を在学途中で徴兵し出征させ、こう呼んだ。

注② **【国際司法裁判所】** 国際連合の主要な常設の国際司法機関のことで、オランダのハーグに本部を置く。国際紛争を裁判によって解決し、法律問題に意見を与える役割を担う。国際法における権威であり、その意見は国際法に多大な影響を与える。

注③ **【内田樹】** 昭和二五年〜（1950〜）。哲学研究者、思想家、倫理学者、翻訳家。能など日本文化に造詣が深く、武道家でもある。神戸女学院大学名誉教授。

注④ **【思いやり予算】** 防衛省予算に計上されている在日米軍駐留経費のこと。

昭和五三年（一九七八年）に当時の金丸信《かねまるしん》・防衛庁長官が、在日米軍基地の日本人従業員給与の一部を日本側が負担すると決めたことから始まる。日米地位協定の枠を超える負担だったが、「思いやりの立場で対処すべき」と金丸が答えたことからこう呼ばれるようになった。平成一一年（一九九九年）度には二七五六億円まで増大したが以降は減額が続き、平成二二年（二〇一〇年）度からの予算は一九〇〇億円前後で推移している。

注⑤【**伊藤昌哉**】大正六年～平成一四年（1917～2002）。政治評論家。池田勇人首相の秘書官を経て、政治論壇や宏池会《こうち》で活動した。満州生まれで、経理部将校として終戦まで従軍している。

注⑥【**堀栄三**】大正二年～平成七年（1913～1995）。陸軍軍人、陸上自衛官。太平洋戦争では情報分析によって米軍の進攻パターンを正確に予測した。『大本営参謀の情報戦記』（文春文庫）という回顧録を平成元年（一九八九年）に刊行している。

注⑦【**賀屋興宣**】明治二二年～昭和五二年（1889～1977）。昭和一六年（一九四一年）の太平洋戦争開戦時の大蔵大臣で、東郷外相と共に開戦には終始反対した。敗戦後、極東国際軍事裁判で終身禁錮刑を受けるが、昭和三〇年（一九五五年）に仮釈放された。昭和三三年（一九五八年）に減刑を受け、同年の総選挙に立候補して当選。以降、岸内閣の安保改定や池田内閣の所得倍増政策などで尽力、自民党右派の政治家として活躍した。

注⑧ **【東郷茂徳】** 明治一五年〜昭和二五年（1882〜1950）。外交官。昭和一六年（一九四一年）に東條英機内閣の外相だったが、翌年、大東亜省の設置に反対して辞任。昭和二〇年（一九四五年）鈴木貫太郎内閣のときに外相として太平洋戦争終結に努力した。戦後、極東国際軍事裁判で禁錮二〇年の刑を受け、昭和二五年（一九五〇年）にアメリカ陸軍病院で病死した。

注⑨ **【永野修身】** 明治一三年〜昭和二二年（1880〜1947）。海軍軍人。太平洋戦争時の海軍最高責任者。戦後、極東国際軍事裁判で戦犯として裁判中に病死。

注⑩ **【クラウゼヴィッツ】** カール・フォン・クラウゼヴィッツ（1780〜18

31）。一九世紀のナポレオン戦争時代に活躍したプロイセンの将軍。死後の一八三二年に発表された『戦争論』が有名で、政治的交渉の延長としての戦争概念が説かれている。

注⑪【中野好夫】明治三六年～昭和六〇年（1903～1985）。英文学者、評論家。英文翻訳の泰斗としても著名。『文藝春秋』昭和三一年二月号の評論タイトル「もはや『戦後』ではない」は広く知られた。

注⑫【長谷川如是閑】明治八年～昭和四四年（1875～1969）。本名は万次郎。ジャーナリスト、文明批評家、作家。大正デモクラシーおよび昭和期の代表的な論客の一人。

おわりに
――憂うべき端境期にある日本社会

保阪正康

ナショナリズムについて、私自身は実生活の上ではきわめて狭い意味に捉えてきた。国家の主張するナショナリズムは、もとより国益の守護や国権の伸長、あるいは国威の発揚といった点にあり（このことは本書でも何度か述べてきたのだが）、それを決定する基準そのものがナショナリズムの条件というべきである。これに対して私は、両親や祖父母から教えられた生活規範や倫理、それに共同体からの伝承などを、私自身のナショナリズムとして守ってきた。

あなたのいうナショナリズムは、むしろ愛郷心といったものではないのか、と問われることはあるが、逆にいえば「愛郷」を「愛国」の上位に置くのが正しいのではないかとの私の考えを説くことになる。

近代日本の歴史を俯瞰《ふかん》して、とくに昭和史を見ていて、国家のナショナリズムはいかに共同体のナショナリズム（本書では庶民ナショナリズムという言い方をしているが）

を抑圧してきたか、庶民を一方的に戦争に駆りたてたか、を実感せざるを得ない。その例を本書でもとりあげたが、たとえば昭和一六年一月に「陸軍大臣東條英機」の名で示《じ》達《たつ》された「戦陣訓」などはその一例である。

この戦陣訓は、日中戦争やノモンハン事件などで日本軍兵士はしばしばすぐに捕虜になったり、状況の中で戦意を喪失したり、時に日本軍兵士の蛮行《ばんこう》などが問題になったのに対し、陸軍の上層部はそれを戒《いまし》めようとして軍隊に示達した。その内容は、皇軍《こうぐん》兵士として、捕虜になるな、死に至るまで戦え、皇軍の名誉を傷つける蛮行を働くな、といった教訓を軸に据えて麗句で飾った、まさに「訓」であった。

結果的にこの「訓」はどのように利用されたか。結論をいえば玉砕《ぎょくさい》や特攻が美化されただけでなく、兵士個々人が戦いよりも餓死に至ったという事実などはすべて隠蔽されることになった。つまり国家ナショナリズムの理不尽さや非人間的思考は一切問われることはなかったのである。

この不合理、不誠実を私たちは、まだ正式に問題にしていない。いわば糾弾もしていないということになる。私はこの点を批判せずして、ナショナリズムを論じるなどというのは、あまりにも歴史に対して非礼ではないかと思う。

本書で、半藤一利さんとの対談でもっとも私が指摘したかったのはこの点にあると、ぜひとも理解してほしい。

日本の現代社会は明らかに端境期《はざかい》にある。ひとつの体制が崩壊し、次の体制が生まれるまでの端境期、というわけではない。そうであるならそれなりの歴史的覚悟を持つことはできるし、私たちは歴史のなかである時代、ある世代の役割は終えたのだなとの実感を味わうことはできる。

しかし私が感じている端境期というのはそうではない。ことナショナリズムに限ってその側面を見ていくならば、次のような意味での端境期ということになる。あえて箇条書きにしておきたい。

一．歴史的実証主義から歴史修正主義へ

二．歴史の事実から歴史の妄想へ

三．史実への謙虚さから史実の冒瀆《ぼうとく》へ

この三点に共通するのは、歴史に向き合う姿勢を真摯で生真面目な態度から、政治への道具にと転じようとする点にある。私はこの流れを捉えて端境期と言っている。「日本は侵略していない」とか「大東亜戦争は聖戦だ」といった旗を立てて、それに見合う史実を集めてきて、「どうだ、日本は侵略していないだろう」というのが歴史修正主義であり、これは歴史を妄想しているとの意味であり、そして政治のツールとして利用する冒瀆の行為だ、と私は主張しているのである。

こうした事態が、ナショナリズムの美名で進んだら日本はどうなるか、あえてそのことも箇条書きにしておきたい。

一．国際社会での孤立が明確になる
二．相手国の強硬派の呼び出し役を担う
三．友好の基盤が崩れての相互不信へ

無用な対立関係が生まれるというのがその結論になる。たとえば中国や韓国との相克《そうこく》が顕著だが、すでにその両者との関係によってこの三項が現実の姿になりつつある。これを「果」とした場合、「因」はどこにあったのかが問題になるという意味である。

本書はこのような現状を、ナショナリズムの「悪い例」としてとりあげているし、その点は昭和史を丹念に検証してきた半藤一利さんも同様なのではないかと思う。いやその点で私との間に共通の基盤があり、それをもとに本書は編《あ》まれていることを承知してほしい。半藤さんも私も、現代社会が決して悪いナショナリズムの方向への端境期であってはならないとの思いがあることも本書を生むきっかけになったことを記しておきたい。

本書は前著（『そして、メディアは日本を戦争に導いた』）に続く第二弾の意味をもっている。東洋経済新報社出版局の南翔二氏との対話のなかから、ナショナリズムの歪《ゆが》みはどのようにして正していけるのか、ひとたび歪んだナショナリズムはファナティックな方向に直進するのではないか、そういう懸念を共有している点に気づき、そして編まれることになった。

私はこの一〇年来、ナショナリズムの歪みについては一貫して関心を持ってきた。昭和のナショナリズムについての検証も進めてきた。本書はそういう折りのデータなどを一部用いているが、しかし昭和のナショナリズムの歪みはさらに徹底して深く検証されなければならないと思う。そのような作業はさらに私に残されている。今なお取り組んでいることを記しておきたい。

南氏をはじめ出版局の諸氏、それに同社元社長の浅野純次氏に多くの点での示唆をいただいた。記して謝意を表したい。

平成二六年（二〇一四年）八月一五日

おわりに　——文庫版によせて

保阪正康

「愛国無罪」という語があるそうだ。「愛国」という旗を立てていたら、何をやっても許されるという考えだ。私が初めてこの語を聞いたのは一年ほど前のことだった。

安保関連法案、森友学園、教育勅語問題と現政権の体質を問う問題点があからさまになってきた。しかしこの内閣のもとでは少々のハネあがり分子の存在は日常茶飯事なのかもしれない。それが法にふれても逮捕されないということなのだろうか。ある右翼団体の幹部といわれる人物が、「私たちは愛国無罪を認めない」と意気ごんでいるのを見て、これはどういうことか、私は恐る恐る尋ねてみた。

「愛国という動機を掲げれば、少々のワルをやっても許されると考える連中がいて困っているんです」

というのだ。森友学園問題では、教育勅語などを持ちだして安倍ファンの一員になっていれば、いろいろ便宜を図ってもらえる、つまり「愛国」という衣をまとっていれば、少々のワルは問われない。それをこの語はあらわしている。えせナショナリスト、営業ナショナリスト、はては打算ナショナリストがこの語をもって社会を闊歩しているとの意味になるのであろう。

安保関連法から憲法改正、そして共謀罪まで、安倍政権の政策はすさまじい勢いでこの社会の解体を目ざしている。いやこれは解体ではなく、日本社会がより安全で、より民主主義社会になるための道なんだというのが、安倍首相とその支持者たちの言い分である。であるならばなぜ国会でもっと丁寧な議論をしないのだろう。国民が疑問に思っている問題にフタをして平然としている、その無責任さで、この社会の解体を目ざされたら、この国の行く末はどうなるのか。

まさか「愛国無罪」だからいいだろうというのではあるまい。

昭和十年代の問題点はなにか。ナショナリズムがバランスを欠き、正常な判断感覚や価値基準がなくなってしまったことだ。それをもっとも端的にあらわすのが軍事独裁という語だった。昨今の情勢は、この軍事独裁とほとんど同じだと言っても、多くの人は「今の日本では軍事がそれほどの力を持っているわけではないから、日本はかつてのようなファシズムにならない」と考えている。そんなことを口にして安心している人たちもいる。

なんとお粗末なんだろう。なんと本質を理解していないのだろう。昭和十年代の軍事独裁は実は行政独裁と同義語だということをあまりにも知らなさすぎるのだ。東條英機という軍人が政権の座に就き、行政の長という立場で立法・司法を仮借なく抑圧しつづけたのが軍事独裁の真の姿であった。大日本帝国といえども天皇主権のもとで三権（立法、行政、司法）はそれぞれ独立していた。つまり三権の姿は並列していたのである。それを東條軍事政権は、立法と司法を自らに隷属させていった。そのことによって政府はやりたい放題であった。

安倍首相はかつて「私は立法府の長である」と言った。それは初歩的知識に欠けているとして揶揄《やゆ》されたのだが、しかし首相になる人物がそんな初歩的な間違いを犯すわけはないという目で見るなら、この首相は本音を隠さずに言ったことになる。立法府は行政府の言いなりになりなさいと宣言したというべきだ。この調子では、早晩、「私は司法の長である」と言いだすであろう。昭和十年代の軍事独裁、つまり行政独裁と同じ姿の方向へ進んでいることになる。

安倍首相のナショナリズムは、行政独裁を目指すという形で目に見える形になっている。これをぼんやりと見逃していたとするなら、私たちは昭和という時代の教訓をまったく無視しているといわれても仕方あるまい。そういえば「愛国無罪」は戦前の軍人やそれに呼応する勢力が法廷闘争などでしばしば口にし、それを裁判長に認めさせている。そんな乱暴な時代があったのだ。

時々刻々、これまでの戦後日本の価値体系が音を立てて崩れていくのを見るのは辛い。しかし今、現実から逃避することによって、私たちは何を得るだろうか。苦しくとも真正面から良質のナショナリズム、良質の保守という土台に立って、その復権を図らなければならない。私はその危機感からぜひこの文庫版を手にとっていただきたいと強く訴えたいのである。

文庫化にあたって文藝春秋社の島津久典氏に感謝したい。ありがとうございました。

平成二九年（二〇一七年）六月二九日

構成　加納則章
単行本　二〇一四年一〇月　東洋経済新報社刊
『日中韓を振り回すナショナリズムの正体』を
文庫化にあたり改題しました。
DTP制作　ジェイ　エスキューブ

文春文庫

ナショナリズムの正体《しょうたい》

定価はカバーに
表示してあります

2017年9月10日　第1刷

著　者　半藤一利《はんどうかずとし》　保阪正康《ほさかまさやす》

発行者　飯窪成幸

発行所　株式会社　文藝春秋

東京都千代田区紀尾井町 3-23　〒102-8008
TEL　03・3265・1211
文藝春秋ホームページ　http://www.bunshun.co.jp

落丁、乱丁本は、お手数ですが小社製作部宛お送り下さい。送料小社負担でお取替致します。

印刷製本・大日本印刷

Printed in Japan
ISBN978-4-16-790931-4

文春文庫　戦争・昭和史

（　）内は解説者。品切の節はご容赦下さい。

小泉信三
海軍主計大尉小泉信吉
一九四二年南方洋上で戦死した長男を偲んで、戦時下とは思えぬ精神の自由さと強い愛国心とによって執筆された感動的な記録。ここに温かい家庭の父としての小泉信三の姿が見える。
こ-10-1

神立尚紀
特攻の真意
大西瀧治郎はなぜ「特攻」を命じたのか
自ら命じた特攻作戦を「統率の外道」と称した大西瀧治郎中将。その真意はどこにあったのか。貴重な証言をもとに、数多の若者を死に導いた男の「謎」に迫る衝撃のノンフィクション。
こ-40-2

田辺聖子
田辺写真館が見た〝昭和〟
著者の実家である「田辺写真館」には〝ハイカラ〟な大阪の文化が息づいていた。忍び寄る戦争の影に負けじと人生を謳歌する人々の姿を、写真と共につづった珠玉のエッセイ。（浅田次郎）
た-3-42

高瀬　毅
ナガサキ　消えたもう一つの「原爆ドーム」
爆心に近く、残骸となった浦上天主堂は、世界遺産の被爆遺構「原爆ドーム」と同様、保存の声も高かったが、完全に撤去、再建された。その裏にいったい何があったのか？（星野博美）
た-90-1

『特攻　最後の証言』制作委員会
特攻　最後の証言
太平洋戦争末期、特攻に志願した8人の生き残りにロング・インタビューを敢行。人間爆弾や人間魚雷と呼ばれた究極の兵器に身を預けた若者たちの真意とは。詳細な注、写真・図版付。
と-27-1

中田整一
満州国皇帝の秘録
ラストエンペラーと「厳秘会見録」の謎
皇帝溥儀の通訳を務めた林出賢次郎が残した記録は、満州国の真の姿を明らかにする。清朝復辟の幻想と傀儡としての屈辱。妃、肉親への猜疑……。偽皇帝の悲劇の素顔。（保阪正康）
な-61-2

半藤一利
日本のいちばん長い日　決定版
昭和二十年八月十五日。あの日何が起き、何が起こらなかったのか？　十五日正午の終戦放送までの一日、日本政府のポツダム宣言受諾の動きと、反対する陸軍を活写するノンフィクション。
は-8-15

（　）内は解説者。品切の節はご容赦下さい。

半藤一利
日本国憲法の二〇〇日
敗戦時、著者十五歳。新憲法の策定作業が始まり、二百三日後、「憲法改正草案要綱」の発表に至る。この苛酷にして希望に満ちた日々を、歴史探偵が少年の目と複眼で描く。（梯　久美子）
は-8-17

半藤一利・加藤陽子
昭和史裁判
太平洋戦争開戦から七十余年。広田弘毅、近衛文麿ら当時のリーダーたちはなにをどう判断し、どこで間違ったのか。半藤〝検事〟と加藤〝弁護人〟が失敗の本質を徹底討論！
は-8-22

半藤一利
聯合艦隊司令長官
山本五十六
昭和史の語り部半藤さんが郷里・長岡の先人であり、あの戦争の最大の英雄にして悲劇の人の真実について熱をこめて語り下ろした一冊。役所広司さんが五十六役となり、映画化された。
は-8-23

半藤一利　編
太平洋戦争
日本軍艦戦記
激戦の記録、希少な体験談。生残った将兵による「軍艦マイベスト5」。戦った日米英提督たちの小列伝。……大日本帝国海軍の栄光から最期までを貴重な写真とともに一冊でたどる！
は-8-24

半藤一利　編著
十二月八日と八月十五日
太平洋戦争開戦の日と、玉音放送が流れた終戦の日と。その日、人々は何を考え、発言し、書いたか。あらゆる史料をもとに歴史探偵が読み解き編んだ、真に迫った文庫オリジナル作品。
は-8-27

早坂　隆
昭和十七年の夏　幻の甲子園
戦時下の球児たち
朝日新聞社主催から文部省主催に急遽変更して強行された昭和17年、戦時下の夏の甲子園大会——球児たちの引き裂かれた青春を描くノンフィクション大作。（岡崎満義）
は-44-1

辺見じゅん
収容所《ラーゲリ》から来た遺書
戦後十二年目にシベリア帰還者から遺族に届いた六通の遺書。その背後に驚くべき事実が隠されていた！　大宅賞と講談社ノンフィクション賞のダブル受賞に輝いた感動の書。（吉岡　忍）
へ-1-1

（　）内は解説者。品切の節はご容赦下さい。

保阪正康
瀬島龍三
参謀の昭和史
太平洋戦争中は大本営作戦参謀、戦後は総合商社のビジネス参謀、中曾根行革では総理の政治参謀。激動の昭和時代を常に背後からリードしてきた実力者の六十数年の軌跡を検証する。
ほ-4-3

山本　又・保阪正康　解説
二・二六事件蹶起将校 最後の手記
二・二六事件蹶起将校の首魁・安藤輝三から、事件のことを書き残してくれと頼まれた山本又予備役少尉による衝撃の獄中手記。事件直前に蹶起趣意書から削られた一文とは何か？
ほ-4-7

堀　栄三
大本営参謀の情報戦記
情報なき国家の悲劇
太平洋戦争中は大本営情報参謀として米軍の作戦を次々と予測的中させて名を馳せ、戦後は自衛隊情報室長を務めた著者が稀有な体験を回顧し、情報に疎い組織の欠陥を衝く。（保阪正康）
ほ-7-1

松本清張
日本の黒い霧（上下）
占領下の日本で次々に起きた怪事件。権力による圧迫で真相は封印されたが、その裏には米国・GHQによる恐るべき謀略があった。一大論議を呼んだ衝撃のノンフィクション。（半藤一利）
ま-1-97

松本清張
昭和史発掘　全九巻
厖大な未発表資料と綿密な取材で、昭和の日本を揺るがした諸事件の真相を明らかにした記念碑的作品。「芥川龍之介の死」「五・一五事件」「天皇機関説」から、「二・二六事件」の全貌まで。
ま-1-99

柳田邦男
零式戦闘機
太平洋戦争における日本海軍の主力戦闘機であった零戦。外国機を凌駕するこの新鋭機開発に没頭した堀越二郎を中心とする若き技術者の足跡を描いたドキュメント。（佐貫亦男）
や-1-1

湯浅　博
歴史に消えた参謀
吉田茂の軍事顧問　辰巳栄一
戦前は、英米派として対米開戦派と戦い、戦後は吉田茂とともに陸上自衛隊の礎を築いた男。彼の武器は情報（インテリジェンス）だった！　名参謀の姿が鮮やかに蘇る！（中西輝政）
ゆ-11-1

（　）内は解説者。品切の節はご容赦下さい。

太平洋戦争の肉声Ⅰ　開戦百日の栄光
文藝春秋　編
文藝春秋が集めてきた、当事者の肉声による太平洋戦争史第一弾。山本五十六によるロンドン海軍軍縮交渉談話、今村均が語るジャワ島上陸作戦など。（森　史朗）
編-6-13

太平洋戦争の肉声Ⅱ　悲風の大決戦
文藝春秋　編
逆境の中で兵士たちは何を思い、指揮官はどう行動しようとしたのか？　ソロモン海戦、ガダルカナル島の戦い、山本五十六戦死から、インパール作戦、サイパン島防衛戦まで。
編-6-14

太平洋戦争の肉声Ⅲ　特攻と原爆
文藝春秋　編
神風特攻、レイテ沖海戦、硫黄島の戦い、戦艦大和の死闘、沖縄戦、原爆投下、宮城事件……敗戦へと至る状況を当事者たちの声で綴る。巻末に元零戦パイロットのインタビューを収録。
編-6-15

戦後70年　日本人の証言
文藝春秋　編
日本人はいかにして戦後日本を作ったのか。東京裁判、安保闘争、ご成婚、東京五輪、バブル崩壊……昭和・平成70年の歩みを超豪華執筆陣が描く。高倉健「最後の手記」を収録。
編-6-16

日本人の戦争　作家の日記を読む
ドナルド・キーン（角地幸男　訳）
永井荷風、伊藤整、高見順、山田風太郎らは日本の太平洋戦争突入から敗戦までをどのように受け止めたのか。作家の日記に刻まれた生々しい声から非常時における日本人の魂に迫る評論。
キ-14-1

ザ・コールデスト・ウインター　朝鮮戦争（上下）
デイヴィッド・ハルバースタム（山田耕介・山田侑平　訳）
スターリンが、毛沢東が、マッカーサーが、トルーマンが、金日成が、そして凍土に消えた名もなき兵士達が、血の肉声で語るあの戦争。著者が十年をかけて取材執筆した、最後の最高傑作。
ハ-29-1

アンネの日記　増補新訂版
アンネ・フランク（深町眞理子　訳）
オリジナル、発表用の二つの日記に父親が削った部分を再現した〝完全版〟に、一九九八年に新たに発見された親への思いを綴った五ページを追加。アンネをより身近に感じる〝決定版〟。
フ-1-4